Rahim Taghizadegan

Europa auf der Intensivstation

leykam: SACHBUCH

Copyright ©
Leykam Buchverlagsgesellschaft m.b.H. Nfg. & Co. KG,
Graz – Wien 2020

Kein Teil des Werkes darf in irgendeiner Form
(durch Fotografie, Mikrofilm oder ein anderes Verfahren)
ohne schriftliche Genehmigung des Verlages reproduziert
oder unter Verwendung elektronischer Systeme verarbeitet,
vervielfältigt oder verbreitet werden.
Cover: Annalena Weber, Hamburg.
Satz: Gerhard Gauster
Gesamtherstellung: Leykam Buchverlag

ISBN 978-3-7011-8166-7

www.leykamverlag.at

Inhalt

Einleitung: Widersprüchliche Deutungen und Omen — 9

1. Europa auf der Intensivstation, ist das nicht eine Übertreibung? — 17
2. Was ist Europa? — 19
3. Ist es nicht ein Privileg in Europa zu leben? — 21
4. Sollten wir nicht gerade jetzt die europäische Identität stärken? — 23
5. Können die Folgen von Pandemie und Wirtschaftskrise nur auf europäischer Ebene bewältigt werden? — 25
6. Die alte Leier vom Untergang des Abendlandes? — 27
7. Welche Rezepte verschreibt der Autor Europa? — 29
8. Haben europäische Länder die Pandemie besser in den Griff bekommen? — 33
9. War die Pandemie ein Schock, ohne den wir kaum Probleme hätten? — 35
10. Warum wurde Europa zum Epizentrum? — 37
11. Sollten exponentielle Entwicklungen verhindert werden? — 39
12. Wären wir ohne politische Interventionen nicht in die Katastrophe gerutscht? — 41
13. Bedeutet strengerer Datenschutz mehr Freiheit? — 45
14. Also doch nur ein weiterer Corona-Leugner? — 48
15. Was können wir schon wissen? — 50

16. Was ist der wissenschaftliche Konsens? 53
17. Wann kommt der große Krach? 59
18. In welcher Blase befinden wir uns – in einer Börsenblase? 62
19. Ist die Digitalisierung Gefahr oder Chance? 64
20. Was ist falsch an der Geldpolitik? 67
21. Was ist MMT? 69
22. Sind wachsende Schulden wirklich ein Problem? 71
23. Ist der Euro sicher? 74
24. Haben wir nicht schon genug Wohlstand? 77
25. Erfordert die wachsende Ungleichheit mehr Umverteilung? 79
26. Wie kann Arbeitslosigkeit bekämpft werden? 81
27. Was bedeutet Stagflation und warum droht sie? 84
28. Welche Dynamik schwindet, und ist das schlecht? 86
29. Welche Wirtschaftspolitik führt aus der Krise? 88
30. Wie kann man krisensicher anlegen? 93
31. Was bedeutet Liquidität? 97
32. Wie kann die Altersversorgung gesichert werden? 99
33. Sind Aktien noch eine gute Anlage? 104
34. Sind Staatsanleihen eine sichere Anlage? 107
35. Ist Gold nicht ein barbarisches Relikt? 110
36. Sind Immobilien eine sichere Anlage? 113
37. Was hat Bitcoin mit dem Zustand Europas zu tun? 116

38.	Sind die meisten Kritiker nicht Verschwörungstheoretiker und Spinner?	121
39.	Warum diese extreme Spaltung rund um Corona?	123
40.	Warum sinkt das Vertrauen und was kann man dagegen tun?	127
41.	Enthüllt dieses Buch die ganze Wahrheit, welche die »Lügenpresse« vorenthält?	130
42.	Was sollen Gedankenviren sein?	133
43.	Was ist Innovation und wie kann man sie fördern?	136
44.	Wären Investitionen in Bildung nicht das Wichtigste?	140
45.	Ist nicht viel wichtiger als Wirtschaft die Förderung der Kultur?	143
46.	Sollten wir die Kreativität fördern?	147
47.	Wie viel technische Entwicklung ist gut und nötig?	149
48.	Was ist Freiheit und warum ist sie wichtig?	152
49.	Ist die Krise nicht eine Chance für Natur und Klima?	157
50.	Ist die Krise nicht eine Chance, dem Wachstumswahn zu entkommen?	159
51.	Ist Fortschritt immer gut?	161
52.	Zeigt die Krise nicht die Probleme der Globalisierung?	165
53.	Haben Institutionen versagt?	167
54.	Warum sind wir in einer Interventionsspirale?	170
55.	Warum drohen Kapitalverkehrskontrollen?	172
56.	Ist Auswanderung aus Europa nicht unsolidarische Resignation?	175

57. Steht Europa heute besser da als die USA?	177
58. Wird uns China überholen?	181
59. Ist dieses Buch links oder rechts?	185
60. Welche Rolle spielt der Bürger?	188
61. Wie stärken und schützen wir die Demokratie in Europa?	192
62. Brauchen wir mehr oder weniger Staat?	196
63. Wie würde ein gerechteres Wirtschaftssystem aussehen?	201
64. Was kann der Einzelne tun?	205
65. Was können Gemeinden tun?	210
66. Was sind Freie Privatstädte?	214
Weiterführende Literaturempfehlungen zur Vertiefung	219

Einleitung:
Widersprüchliche Deutungen und Omen

Anfang 2020 befand ich mich ausgerechnet in Singapur, als die COVID-19-Pandemie ausbrach. Ich konnte so aus nächster Nähe den Beginn der öffentlichen Wahrnehmung und politischen Reaktion verfolgen. Die mangelnde Transparenz Chinas und die an SARS gewachsene Erfahrung Singapurs weckten mein Interesse in besonderem Maße: Ich richtete für eine Weile den größten Teil meiner Aufmerksamkeit auf dieses Thema.

Meine Absicht war, bis zum Frühjahr in Asien zu überwintern. Um das Risiko für meine Familie zu senken, verließ ich Asien früher als geplant und setzte den Urlaub in den Tiroler Bergen fort. Das Virus reiste schneller als ich: Tirol wurde zum überraschenden Epizentrum. Diese bittere Pointe war nur der Auftakt eines Jahres voller Widersprüche.

Ich sollte ein Buch über die Zukunft Europas schreiben. Die Pandemie hätte da ein guter und aktueller Aufhänger sein können. Doch der Fokus auf die Tagesaktualität hat mir die Laune gehörig verdorben und mich mehrmals dazu bewogen, die Arbeit an diesem Buch einzustellen. Mir schwirrt noch immer der Kopf von dem rapiden Wechsel der »Narrative« oder – neudeutsch – »Spins«, die immer wütender als Wahrheiten verkündet werden. Heute treten die gegensätzlichsten Spins parallel auf, da die Feedback-Schleife des digitalen Informationsaustauschs praktisch verzögerungslos läuft.

Sonst entziehe ich mich so gut es geht dem Nachrichtenstrom, der keinerlei Mehrwert liefert, sondern nur Seelen vergiftet. Die Zeit ist vorbei, als es nur den einen prominenten Nachrichtenableser gab, der eine verbindliche Referenz für Alltagsgespräche bot. Die Explosion an Informationsquellen, Perspektiven und Erzählungen war eine große Befreiung. Doch wahre Freiheit ist eine Bürde, und die meisten flüchten vor ihr. Zuflucht vor der neuen Komplexität und erfahrbaren Vielfalt der Welt bieten Filterblasen – und in diesen tobt es immer unerbittlicher.

Vermutlich wird meine Perspektive zwischen den lauteren aufgerieben. Ich fasse dennoch den Mut, trotz grassierender Denkverbote und virtueller Hetzjagden auf Andersdenkende ein heißes, polarisierendes Thema anzufassen. Es geht mir um die Frage nach der Zukunft Europas. Werden wir auf einen Scherbenhaufen blicken, wenn die aktuellen Aufreger wieder in den Hintergrund treten und den Blick freigeben?

Dabei geht es mir nicht um Utopien, nicht um wütendes Politisieren, sondern um die Frage nach den nachhaltigen Lebensbedingungen dieses zuletzt so gesegneten und glücklichen Fleckens Erde. Doch die allzu kurzfristige Perspektive und der oberflächliche Vergleich verleiten zum Irrtum der »besten aller Welten«, den Voltaire einst als Widerstand gegen Weiterentwicklung und Vernunftgebrauch so gekonnt persifliert hat.

Ich hatte zunächst angenommen, dass die Schockstarre nach den Pandemie-Maßnahmen zu Selbstzweifeln und Reflexion führen würde. Doch bevor noch der Schaden sichtbar werden konnte, drängt sich eine Deutung in den Vordergrund, die ich in ihrer Selbstgefälligkeit für gefährlich halte:

Italien und Spanien versagten als typische »Südländer« und machten Europa zum Epizentrum der Pandemie. Die höher entwickelten Länder Europas, allen voran Österreich und Deutschland, zeigten aber bald, wie sich durch effektive staatliche Interventionen die Pandemie rasch unter Kontrolle bringen lässt. Die großartigen Gesundheitssysteme, die rasch agierenden Behörden und der soziale Zusammenhalt beweisen wieder einmal die Überlegenheit der EU gegenüber dem Rest der Welt, insbesondere den USA. Zum Glück informierten die europäischen Massenmedien, insbesondere die der öffentlichen Hand, die Bevölkerung in sachlicher und umfassender Weise, sodass die Zustimmung zu den gebotenen Maßnahmen sehr hoch war. Die weltweite Führungsposition in den Wissenschaften bot die nötige Kompetenz, auf welche Politiker zurückgreifen konnten, um die öffentliche Gesundheit, auch gegen Wirtschaftsinteressen, zum Leitmotiv ihres Handelns zu machen. Der plötzliche Einkommensausfall im Zuge der Pandemie kam aus heiterem Himmel und hätte eine schwere Wirtschaftskrise verursacht, wenn die Politik nicht alle Mittel mobilisiert hätte, um den Schaden einzugrenzen. Hauptsächlich über höhere Staatsverschuldung, um die Steuern nicht erhöhen zu müssen, wurde Not-Liquidität zur Verfügung gestellt. Die Maßnahmen gingen in die richtige Richtung, waren aber nicht ganz ausreichend. In solchen Fällen müssen wir dankbar sein, dass Finanz- und Geldpolitik für rasche Liquidität sorgen können.

Gegen diese Deutung richtet sich am stärksten die Gegenposition derjenigen, die jegliches Vertrauen in Politik, Medien und Wissenschaft verloren haben.

Es ist alles ein abgekartetes Spiel. Europas Politiker haben eine künstliche Panik geschaffen, um ihre eigenen Interessen gegen die der Bevölkerung durchzusetzen. Experten, die von Massenmedien und Politik ausgeblendet – fast schon verheimlicht – wurden, hatten von Anfang an darauf hingewiesen, dass das Coronavirus ein gängiger Grippevirus und damit genauso ungefährlich ist. Die Krise ist eine Folge aktiver und bewusster Wirtschaftszerstörung, die Alibi und Ablenkung bieten soll, damit sich organisierte bösartige auf Einzelinteressen fixierte Eliten auf Kosten der Allgemeinheit weiter bereichern können, ohne zur Rechenschaft gezogen zu werden. Diese Abrechnung stand kurz bevor. Der Zechpreller schlägt die Wirtschaft kurz und klein, um ungeschoren davon zu kommen.

Die erste Deutung, die von größtem Vertrauen in die Institutionen getragen wird, lässt sich nicht einfach durch Behauptungen widerlegen, die vor allem auf allergrößtem Misstrauen beruhen. Die Nachkriegsordnung Europas ging mit einer Phase des Wohlstands und Friedens einher, die – auch wenn in der Geschichte Kausalität stets eine unbewiesene Behauptung ist – zu Vorsicht mahnt, die Legitimität dieser Ordnung nicht leichtfertig zu untergraben. Die nationalen und supranationalen Strukturen Europas verdienen es, mit Respekt betrachtet zu werden.

Doch dieser Respekt muss selten eingefordert werden, außer es geht bergab. Menschen hängen intuitiv am Status quo, wenn sie sich nicht für die Verlierer desselben halten. Die konservative Sorge um den Bestand von Institutionen kann zu Erstarrung führen, sodass es irgendwann mit Gewissheit bergab geht, bis sich Institutionen nur noch mit Gewalt Respekt verschaffen können – und ihn damit endgültig verlieren.

Noch ist die Perspektive des völligen Misstrauens eine Minderheitenperspektive. Sie scheint in einem der wohlhabendsten und friedlichsten Teile der Welt völlig verrückt, wenn nicht gemeingefährlich zu sein. Das Misstrauen in die Misstrauenden ist groß, der Respekt für ihre Positionen gering. Doch ich halte die Zunahme des Misstrauens für ein wichtiges Omen.

Ein anderes Omen ist der Bewusstseinswandel, der schon lange vor der aktuellen Wirtschaftskrise eingesetzt hat. Das Vertrauen in die Zukunft hat sich gewandelt in eine düstere Ahnung, die wenig in Worte gefasst wird. Diese Ahnung zeigt sich in der Antwort auf die Frage: Glauben Sie, dass es Ihren

Kindern besser oder schlechter gehen wird als Ihnen selbst? Die Antworten darauf werden seit geraumer Zeit immer negativer.

Ich halte nichts von Angstmache auf der Grundlage esoterischer Vorzeichen. Dennoch sehe ich diese Omen als ernstzunehmende Anstöße, über die Zukunft nach der aktuellen Krise nachzudenken. Ich werde keine Utopie entwerfen, kein politisches Programm, sondern versuchen, Argumente zu bieten, die hoffentlich zugleich ungewöhnlich und überzeugend genug sind.

Ich halte kritische Argumentation für die Grundlage der Erkenntnis und einer Ordnung freier Menschen. Dabei geht es nicht darum, welche Welt wir uns wünschen, sondern ob wir die Welt, die wir teilen, gemeinsam begreifen können – in allen ihren Facetten, die unseren Wünschen und Interessen so oft widersprechen. Ich habe mich daher dazu entschieden, das gesamte Buch über kritische Fragen zu strukturieren – wie ein offenes Gespräch über all die konträren Deutungen der Zeit.

Eine kurze Anleitung für den Leser: Ausgehend von der Einstiegsfrage verweisen Begriffe auf Themen für weitergehende Fragen. Die Hochzahl neben Wörtern verweist also nicht auf eine Fuß- oder Endnote, sondern auf die Nummer jener Frage, die das entsprechende Thema behandelt. Der Leser ist also völlig frei, thematisch zu springen. Dieses Buch müssen Sie nicht von vorne bis hinten lesen, sondern können es in genau der Reihenfolge und Tiefe lesen, die Ihren Interessen entspricht. Am Ende jeder Frage finden Sie die Fragen, die auf die gerade aufgeschlagene verweisen – Sie können also auch einfach zurückspringen. Damit handelt es sich um das wohl erste Buch mit bidirektionalen Verweisen. In den digitalen Formaten können Sie über das Klicken von Links weiterspringen, im physischen Format blättern Sie einfach zur jeweiligen Frage – dazu sind die Fragennummern sichtbar angeführt.

Ich werde versuchen, Argumente, denen ich widerspreche, mit Empathie und Respekt zu behandeln. Auch das unausgesprochene Argument gegen die Argumentation, gegen den Zweifel und die Kritik. Umso schärfer wende ich mich gegen die – meiner Einschätzung nach – dominante Position, die nicht aus einer begründeten Ablehnung von Kritik und Argument hervorgeht, sondern sich oft bloß für besonders »kritisch« hält: jene der Selbstgefälligkeit, die eigentlich Angst ist. Angst vor wirklichem Widerspruch, vor der peinlichen Blöße. Es ist die Angst der Mitläufer. Diese Mischung aus Selbstgefälligkeit und Angst ist eine weitaus gefährlichere Seuche als COVID-19. Sie könnte »Europa«, diese Ahnung einer geographischen Verdichtung positiver Besonderheiten, tatsächlich zu Grabe tragen.

Jene, die ihre düsteren Ahnungen schon ernster nehmen, sollen durch meine Argumente ein wenig von der Panik befreit werden: nicht durch Schönreden der Zustände, sondern durch argumentatives Durchdringen. Gute Philosophie ist ein Programm, Angst zu verlieren, nicht weil die Welt in rosarotes Licht getaucht wird, sondern weil das Verstehen der Schatten ihre Bedrohlichkeit mindert. Doch dieses Buch ist kein »Philosophieren« im heutigen Sinne, nicht das sprachlich kunstvolle Aneinanderreihen von Wunschbildern, sondern soll eher als »ökonomisches« Argumentarium wahrgenommen werden: Mein Augenmerk gilt dem Austausch realer Menschen und der für sie relevanten Probleme. Mit welcher Art von Krise haben wir es zu tun, wie könnte sie weitergehen und was könnte danach kommen? Gibt es Auswege und Alternativen? Wie gut geht es uns wirklich, wie schlecht könnte es uns noch gehen?

Woher kommen die Widersprüche unserer Zeit und wohin führen sie?

Doch beginnen wir das Gespräch auf Augenhöhe, lieber Leser. Ich halte Sie im Zweifelsfall für vernünftig und anständig, auch wenn Sie mir in vielen Punkten widersprechen werden. Eine gemeinsame Basis können wir in Zeiten der Zerrüttung und Spaltung kaum noch voraussetzen. Sie halten mich im Zweifelsfall für jemanden, der etwas zu verkaufen hat, vielleicht eine Ideologie, Ausreden und Alibis für Interessen, zumindest ein Buch. Es ist also durchaus vernünftig, gleich mit dem Widerspruch zu beginnen. Nur zu: Europa auf der Intensivstation, ist das nicht eine Übertreibung?[1]

1. Europa auf der Intensivstation, ist das nicht eine Übertreibung?

Es ist eine Analogie und ein Aufhänger für ein Buch, wofür etwas Dramatik zugegebenermaßen günstig ist. Die Analogie lag inmitten der Coronavirus-Pandemie[8] nahe.

Ein gewaltiger Schock[9] erfasste die Welt, und dieser Kontinent scheint besonders getroffen. Eine Wirtschaftskrise[17] scheint unabwendbar, mittels politischer Interventionen[12] soll das Schlimmste abgewandt werden. Es ist naheliegend, in einer solchen Situation innezuhalten und Zukunftsfragen zu stellen. Zunächst überwiegen aber die gegenwärtig drängenden Probleme. Da scheint eigentlich Zuversicht geboten, dass wir diese Probleme vielleicht sogar relativ besser lösen können als anderswo, etwa in den USA[57].

Ich stehe aber zur Analogie: Die Lebendigkeit Europas ist in besonderer Gefahr. Europa hängt an allerlei Schläuchen und damit immer mehr von künstlichen Interventionen[12] ab. Das ist kein negatives Urteil über Europa[2] und die Europäer, sondern eine Warnung, dass die alte Dame fragil geworden ist und an einer existenziellen Weggabelung steht: Niedergang[6] oder Heilung[7].

Das ist wieder allzu dramatisch formuliert, es dient ja auch dem Aufhänger, soll aber eine erste, vereinfachte, Annäherung an das Thema bieten. Vor der Therapie steht die Anamnese, der Krankenbefund. Dieses Buch ist allenfalls eine eingeholte Drittmeinung und folgt weitgehend Minderheitenmeinungen[38].

Vor schwerwiegenden Eingriffen ist eine solche Drittmeinung dringend geboten. Bei den Kollegen wird sie Kopfschütteln auslösen. Mein Befund ergibt: Die Patientin ist kranker als diagnostiziert, und dennoch sind die empfohlenen Therapien schlimmer als das Leiden, das zum Teil iatrogen (arztgemacht) ist: die Folge bisheriger Kunstfehler. Lasst die alte Dame wieder an die frische Luft!

Kapitel, die auf dieses verweisen: Einleitung

2. Was ist Europa?

Europa ist ein Begriff aus Mythologie, Geographie und Geschichte. Solche Begriffe berühren Identitäten[4] und sind daher besonders sensibel.

Die auffälligste Besonderheit, die diesen Subkontinent auszeichnen könnte, ist für mich, dass er die Wiege der modernen Welt ist, einer Welt dichter und weitreichender Verbindungen[52], eine Welt exponentiell wachsender[11] Dynamik[28].

Andere Teile der Welt folgten dieser Modernisierung. Heute ist unser Teil der Welt vielleicht noch immer dichter verbunden als andere, aber in dieser Hinsicht längst nicht mehr so besonders. Und wenn wir die Dynamik[28] betrachten, die Geschwindigkeit neuer Verbindungen und Kombinationen, dann fällt Europa zurück.[6] Viele Ort sind heute dynamischer, doch bislang hat kein Ort der Welt den Westen – Europa und seine jüngeren und energischeren Nachkommen USA[57] und Israel – bei der Innovation[43] deutlich abgehängt. China[58] zeigt beeindruckende Dynamik, ist aber noch am Aufholen.

Dass Teile Europas früher eine moderne Dynamik aufwiesen als Teile Chinas, die zivilisatorisch meistens weiter entwickelt waren, ist eine europäische Besonderheit. Sie ist in dem Sinne spezifisch europäisch, dass die Elemente und Indizien dieser besonderen Entwicklung im Laufe der Geschichte recht breit über den Subkontinent verstreut waren.

Europa scheint stets unter auffälliger Spannung gestanden zu haben, dicht gepackt und doch nicht eins. Spaltung und Einigung waren ständige Gegensätze, die einander bedingten. Die Geographie trennte das Nahe und verband das Ferne: Die Vielfalt getrennter Täler erhielt eine besondere Sprachen- und

Dialektvielfalt, doch die Zahl schiffbarer Flüsse und Binnenmeere (Nordafrika war einst zum europäischen Kern zu zählen) begünstigte den Fernhandel. Die Gespaltenheit nährte religiöse und intellektuelle Einigungsbewegungen, welche wiederum neue Spaltung erzeugten. Diese Spannung entlud sich oft in Wahn und Blutvergießen, doch sie erwies sich als fruchtbar. Hinreichend Einigkeit für den Austausch von Ideen und Gütern, hinreichend Spaltung, um zu verhindern, dass keiner der vielen Irrtümer jemals den gesamten Subkontinent erfasste – zumindest nicht bis zu den Weltkriegen. China war geeinter, homogener und fiel zurück, weil zentralistische Fehler gravierendere Auswirkungen hatten: als etwa mit einem Schlag die Entdeckungs- und Handelsreisen der viel höher entwickelten chinesischen Flotte durch ein Verbot beendet wurden.

Haben wir zu viel Spaltung in Europa oder zu viel Einheit? Beides, denn die fruchtbare Spannung droht verloren zu gehen, weil die Geduld für Widersprüche sinkt und alles dem Mittelmaß untergeordnet wird. Es ist das Manko der Politik mit ihren Kompromiss-»Lösungen«, die für alle gleich zu gelten haben. Wir bräuchten Einigung ohne Einheitlichkeit und Widerspruch ohne Spaltung[39].

Kapitel, die auf dieses verweisen: Kap. 1, 3, 7, 40, 45, 48, 53, 58, 66

3. Ist es nicht ein Privileg in Europa zu leben?

Europa[2] ist ein Gebiet der Erde, das besonders dicht an vielfältiger Kultur[45] und Geschichte ist, damit gewiss ein Teil der Welt, für den man viel empfinden kann. Einst reichster Platz der Welt, bietet es noch relativ hohen Wohlstand. Das »Privileg« eines Lebens in Europa meint hauptsächlich den Zugang zu diesem Wohlstand.

Der größte und wichtigste Teil dieses Wohlstands ist unsichtbar, er ist nicht in Geld oder Konsumgütern ausgedrückt. Es ist der unter der Oberfläche liegende Teil des Eisbergs, den die Kapitalstruktur bildet. Kapital im tieferen Sinne wird gebildet durch all jene Verbindungen von Geistigem und Materiellem, die helfen, menschliche Ziele zu erreichen.

Am wenigsten sichtbar und damit am meisten unterschätzt ist stets die geistige oder kulturelle[45] Komponente. Werkzeuge sind wertlos ohne das Wissen und die Fähigkeit, sie zu nutzen. Und die Voraussetzung für materielle Werkzeuge sind geistige Werkzeuge wie Sprache, Vorstellungskraft, Problemlösungsfähigkeit[47]. Die Gesamtheit nützlicher Verbindungen geistiger und kultureller Elemente dieser Art können wir kulturelles Kapital nennen.

Die hohe Lebensqualität für viele (nicht alle) Menschen in weiten (nicht allen) Teilen Europas ist nichts anderes als die Möglichkeit, das vorhandene Kapital zu nutzen. Eine Nutzung, welche die Abnutzung oder Vergänglichkeit von Kapital jeder Art nicht kompensiert, ist Konsum. Viele Konsummöglichkeiten sind nur über Tausch zugänglich, weil sie von uns fremden Menschen privat bereitgestellt werden. Teile Europas scheinen sich dadurch von anderen Orten zu unterscheiden, dass relativ mehr freie Konsummöglichkeit besteht: viel freier Zugang zu Natur⁴⁹ und Kultur⁴⁵. Das ist einerseits die Folge hohen unsichtbaren Kapitals: Die vermeintliche Natur Europas ist das Ergebnis besonders langer und kapitalintensiver Landschaftspflege. Der freie Zugang ist wiederum eine Folge hohen Wohlstands (wenn die Bewirtschaftung über Zugangskontrolle gar nicht lohnt), vielmehr aber noch die Folge einer lange gewachsenen Kultur hohen Vertrauens⁴⁰.

Dieser Teil des kulturellen⁴⁵ Kapitals schwindet jedoch am schnellsten, daher wird auch die Lebensqualität in Europa für die meisten Menschen sinken. Insbesondere dann, wenn diese Lebensqualität von Menschen, die sie konsumieren, ohne zu ihr beizutragen, wütend als Recht und unverdienter Identitätsstolz⁴ proklamiert wird.

Kapitel, die auf dieses verweisen: Kap. 9, 40, 47, 56, 57, 60, 62

4. Sollten wir nicht gerade jetzt die europäische Identität stärken?

Identität ist ein menschliches Grundbedürfnis. Sie stellt unsere Existenz in einen größeren Sinnzusammenhang. Grundbedürfnisse sind Teil unserer Natur[49]. Diese müssen wir respektieren, sonst richtet sie sich gegen uns. Doch wir sollten ihr mit Vorsicht begegnen – wie einem wilden Tier.

Die europäische Identität erscheint vielen als Hoffnungsschimmer, weil sie an die Stelle des Nationalismus treten soll, der in Europa besonders stark wütete. Doch gerade der heute so gefürchtete deutsche Nationalismus war einst als fortschrittliche Einigungsbewegung angetreten, als moderne Identität freier Bürger[60]. Ein »Wir« wird aber am stärksten genährt durch gemeinsame Feinde.

Die neue europäische Identität ist noch frisch, nicht durch Kriege belastet, sogar dem Frieden verbunden. Doch sie benötigt ebenso den Kontrast zu den Anti-Europäern, den ewiggestrigen Nationalisten oder zu den USA[57]. In der ersten Ausprägung kann man dann »europäische Gesinnung« leicht mit den Interessen einer kosmopolitischen Oberschicht verwechseln, welche geringschätzig auf die Unterschicht blickt, die nicht genug Muße zum Reisen und nicht genug Beziehungen für die internationale Karriere hat. In der zweiten Ausprägung ist es der Anti-Amerikanismus, der ein wichtiges Korrektiv zu imperialem Zynismus und transatlantischer Ergebenheit sein mag, aber keine positive Identität nähren kann, nur Selbstgerechtigkeit und Selbstgefälligkeit, kulturellen Snobismus und weinerliche Nostalgie.

Identität gibt Kraft, und als Einzelmensch mit einem Kontinent mythisch verwoben zu sein, mag Sinn stiften. Da ist es allerdings ein wunder Punkt, dass der Kontinent nicht klar abtrennbar von der asiatischen Masse ist. Man könnte das Christentum bemühen, das wäre aber zu universalistisch für einen engeren Europäismus und zu unmodern für den aufgeklärten Europäer.

Europäische Identität meint daher oft nur die politische Position, eine weitere Übernahme von Agenden durch die EU[5] zu befürworten. Doch die vermeintliche Einigung könnte sich noch als Spaltung[39] erweisen.

Kapitel, die auf dieses verweisen: Kap. 2, 3, 23, 46, 49, 57, 59, 60

5. Können die Folgen von Pandemie und Wirtschaftskrise nur auf europäischer Ebene bewältigt werden?

Die Europäische Union ist die große Nachkriegshoffnung Europas. Sie drückt den Wunsch nach Einigung und Frieden aus und ist ein ambitioniertes Projekt der Gründung einer neuen Institution, das – trotz aller Probleme – als gelungen gilt, wenn auch lange nicht als abgeschlossen.

Dass kluge Menschen nach dem Krieg über einen institutionellen Neuanfang auf der Grundlage einer geeinten freien Welt nachdachten, ist ihnen hoch anzurechnen. Doch Visionäre sind meist Denker und keine Macher, sie sind selten diejenigen, die eine neue Institution wirklich aufbauen. Sie liefern Ideen, Begründungen, ideologische Alibis, hinter denen Macher harte Bretter bohren.

In der Politik ein »Macher« zu sein, unterscheidet sich leider vom Unternehmertum. Interessenausgleich mag ein Ergebnis von Politik sein, doch es werden nur organisierte Interessen ausgeglichen. Der nötige Kuhhandel hat mit Handel wenig zu tun: Es geht nicht um den Tausch zwischen Landwirten, die über ihre Rinder verfügen, sondern eher um Menschenwirte, die über Menschenherden verfügen.

Die Europäische Union war wie jede politische Institution[53] durch solchen »Kuhhandel« über die Köpfe von Menschen hinweg geprägt. Besonders der Euro[23] zeigt eine dunkle Vorgeschichte eiskalter Interessenpolitik, die sich weniger an Bürgerinteressen als an den Interessen der Herdenhirten orientiert.

Solch ein Ausgleich muss nicht schlecht sein, wenn die Alternative Entzweiung zwischen politischen Räumen ist. Oft ist aber die langfristige Folge eine Spaltung[39], wenn das Vertrauen[40] Schaden nimmt – etwa durch wachsende Sorge, als Bürger[60] übervorteilt zu werden.

Je größer die Institution, je komplexer, desto wichtiger wird die kritische Durchleuchtung. Denn komplexe Institutionen bieten hervorragende Blasen[18] für Menschen, die Kapitalkonsum betreiben, anstatt Werte für ihre Mitmenschen zu schaffen. Komplexe Institutionen schirmen Verantwortung ab und nähren damit Selbstüberschätzung und Inkompetenz.

So kommt es, dass sich Menschen, die außerhalb der Blase[18] der Politik keinerlei Erfahrung aufzuweisen haben, plötzlich für Investoren, Feldherren und Manager kontinentaler Dimension halten.

Wahrscheinlich wird die Europäische Union zu einem Papiertiger, zu einem Beschäftigungsprogramm für weltwirtschaftlich nicht mehr vermittelbare Akademiker und nationalstaatlich nicht mehr gewählte Politiker. In den kommenden Problemen, für welche die aktuelle Pandemie nur eine sanfte Generalprobe war, geht die Spaltung quer durch die Gesellschaften. Solidarität, Frieden, Einigung werden dann vielleicht wieder reale Notwendigkeit und nicht bloß politische Phrasen sein. Im besten Fall werden die positiven Elemente der europäischen Nachkriegsvision wieder reale Wirkung und Relevanz entfalten. Erzwingen kann man sie nicht, man muss sie sich erarbeiten. An manchen Stellen wird man wieder bei null anfangen müssen.

Kapitel, die auf dieses verweisen: Kap. 4, 7, 13, 19, 23, 25, 53, 55, 58, 60

6. Die alte Leier vom Untergang des Abendlandes?

In der Tat wurde in keinem Teil der Welt öfter der Untergang prophezeit, herbeigesehnt oder als Vorwand politischer Interessen genutzt. Je dynamischer Europa wurde, desto stärker wurden diese Untergangsphantasien.

Die Modernität lastet dem Menschen ein enormes Sinnproblem auf. Wie Viktor Frankl erkannt hatte, sagen dem modernen Menschen weder Instinkt noch Tradition, was richtig ist. Das führt zu Angst und Wut. Die Dynamik[28] Europas vergrößerte die Widersprüche und Spannungen.

Den Niedergang dieser Dynamik festzustellen, ist etwas ganz anderes als die historischen Warnungen vor einer unkontrollierbaren und rasanten Fahrt in den Abgrund.

Noch schlimmer aber als das Schwinden einer Dynamik, was man empathisch als verdiente Altersschwäche betrachten könnte, wäre eine falsche Dynamik aus Ungeduld, Selbstüberschätzung und Selbstgerechtigkeit. Dann schwindet die Fruchtbarkeit europäischer Spannung. Zwischen Zwangsvereinheitlichung und spalterischem Misstrauen könnte dann aufgerieben werden, was Europa immer noch besonders lebenswert macht.

Viele Europäer haben es sich in Blasen[18] so bequem eingerichtet, dass sie Wirtschaft für den nebensächlichen Zeitvertreib der Zu-kurz-Gekommenen und der Zu-hoch-Gewachsenen sehen, der Ärmsten und Reichsten. Das gemächliche Weitergereicht-Werden durch Institutionen[53] wird zum Ideal der Mittelschicht – von der Wiege bis zu Bahre: Kindergarten, Schule, Universität, Behörde oder staatlich finanzierte »NGO«, Ruhestand.

Es droht kein Krach, sondern viel schlimmer, eine ewige Wirtschaftskrise[17] im Sinne einer sich selbst nährenden Lernunfähigkeit. Der ökonomische Begriff Stagflation[27] lässt harmlos erscheinen, was tatsächlich selbstbeschleunigter[11] Kapitalverzehr werden könnte – ein Wirtschaftswunder im Umkehrschub.

Das lässt die Spannungen wachsen, ohne die Mittel und Bereitschaft, sie in positive Dynamik umzumünzen. Mit steigenden Vorerkrankungen und sinkender geistiger Immunität könnte die alte Dame Europa dann wirklich einer Pandemie zum Opfer fallen – einer Pandemie von Gedankenviren[42]. Auch dann wird der Subkontinent nicht im Mittelmeer untergehen. Aber die besten Europäer werden Europa dann (wieder) den Rücken kehren.[56]

Niedergang bedeutet also vor allem, an Potenzial zu verlieren, zu stagnieren. Aufgrund der Überspanntheit unserer Gesellschaften, die demographisch, ideologisch und geldpolitisch unter Druck stehen, bedeutet Stagnation[27] nicht gemächliches Dahinleben auf hohem Niveau, sondern steigende Volatilität: Immer neue Schocks[9], an denen das Schlimmste stets die Reaktionen sind, die sich zu einer Spirale[54] der Selbstbeschäftigung und Selbstbeschädigung hochschaukeln.

Kapitel, die auf dieses verweisen: Kap. 1, 2, 18, 40, 45, 54, 58

7. Welche Rezepte verschreibt der Autor Europa?

Ein Europa[2] als handelnde Akteurin, das gibt es nicht und kann es nicht geben. Die Europäische Union[5] ist eine der vielen politischen Akteurinnen und gewiss nicht die wendigste. Rezepte verschreiben – das ist ein naiver Blick auf politische Probleme.

Die Rezeptpflicht, die Legitimität, Rezepte zu verschreiben, die auch befolgt werden, beruht auf der Autorität der Wissenschaft[16], der Wirksamkeit von Pharmazeutika und dem Versagen der Prävention. Leider ist Wissenschaft, insbesondere Sozialwissenschaft, kein Konsensverfahren mit klaren Entscheidungen, sondern ein Widerstreit gegensätzlicher Argumente. Experten als »Götter in Weiß«, die Entscheidungen abnehmen, Statiker zum Bau gesellschaftlicher Brücken, die nicht einstürzen, weil ihre Kalküle unbestritten und fehlerlos sind: Solche Sehnsüchte führen nur zu verhängnisvollen Irrwegen.

Wie in der Medizin grassiert in der Politik eine Hybris der Ingenieure – Sozialingenieure. In der Medizin trägt der Ingenieuransatz zumindest ein wenig, denn das komplexe System Mensch enthält mechanische Bauteile und chemische Flüsse, welche einige mechanische und chemische Reparaturen zulassen. Heilung geschieht jedoch auch hier als spontaner Prozess des selbsttätigen Wiedereinpendelns eines komplexen Systems, wenn vorübergehende Störungen beseitigt sind. Der Arzt reinigt die Wunde, damit sie verheilen kann, aber er heilt keine Wunden.

Gesellschaft ist ein noch komplexeres System, denn sie ist die Potenzierung von Einzelmenschen durch Interaktion. Für die Europäische Union[5] Rezepte zu verschreiben, mit der sie die Gesellschaft reparieren könnte, ist eines jener Wunschbilder, wie sie nur in Blasen[18] gedeihen können – in den Echokammern einer Gedankenwelt fern der Realität.

Wir müssen also Akteure definieren, dann können wir über Handlungsanleitungen nachdenken. Handeln können zunächst Individuen[64]. Gemeinsames Handeln ist auf drei Wegen möglich: über spontane Koordination, organisierte Koordination und Zwang. Spontane Koordination entsteht über die Wechselwirkung zwischen Individuen mit Familie, Freunden, Bekannten, Kunden, Kollegen etc. – also in freiwilligen Beziehungen. Organisation ist meist Koordination von Interessen und kann zu Institutionen[53] führen. Zwang ist als legitimes Mittel dem Staat[62] vorbehalten. Kleinere politische Einheiten wie etwa Gemeinden[65] sind Spezialfälle, weil in ihnen alle drei Formen des gemeinsamen Handelns zusammentreffen.

Dieses Buch will nicht Heilung versprechen, sondern Hoffnung machen. Heilsversprechen sind gefährlich, denn sie führen zur Illusion, dass die Spaltung[39] unserer Gesellschaften durch kollektives Heil überwunden werden könnte. Was wir tun können, ist, realistische Handlungsmöglichkeiten zu erkennen, und das bedeutet zunächst Verständnis der Realität. Politisches Handeln wütend zu debattieren, also Interventionen[12] vor Erkenntnis und Verständigung zu fordern, ist sinnlos und vergrößert nur unproduktive Spaltung. Am wichtigsten wäre, die Vielfalt der Perspektiven, Ansätze, Handlungsmöglichkeiten in produktive Spannung überzuführen: Was können wir tun, ohne die Illusion vorauszusetzen, erst eine Mehrheit auf ein Ziel eingeschworen zu haben?

Die Kraft Europas könnte darin liegen, statt leblose Einigkeit in Kompromiss, Alternativlosigkeit oder Zwang zu suchen, die lebhafte Spannung wiederzufinden, die Raum für völlig konträre Perspektiven lässt, für frische Experimente und innovative Wagnisse, ohne die Kosten des Scheiterns der meisten neuen Ansätze zu sozialisieren. Aus dem Dickicht der hier verfolgten – eng miteinander verflochtenen – Themen blitzen an vielen Stellen Andeutungen zu solchen Auswegen hervor.

Politische Lösungen vertreten oft die Ideologie der Machete: des Auswegs, der einfach durchs Dickicht geschlagen wird, wenn wir uns nur auf die Richtung einigen könnten. Solche Lösungen wären lächerlich, wenn sie nicht so gefährlich wären. Auch ein erreichter Konsens bedeutet keine Allwissenheit – und einen Konsens über die Zukunft erreichen zu können, wäre ein Hinweis auf kollektive Verblendung und Mitläufertum.

Verbesserungen folgen aus Entdeckungen, nicht aus Verordnungen. Erst müssen wir das Dickicht durchdringen, seine Komplexität respektieren, die dunklen Flecken erkennen, dann erst können wir Wege hinaus finden. Auswege gibt es stets viele, aber noch mehr Sackgassen. Je kleiner und wendiger, desto weniger Kratzer.

Kapitel, die auf dieses verweisen: Kap. 1, 66

8. Haben europäische Länder die Pandemie besser in den Griff bekommen?

Wir haben es mit einer untypischen Atemwegserkrankung zu tun, deren geringe Letalität[14] gewiss ist. Ungewiss[15] ist noch fast alles andere, und jeder kann sich für das gewünschte Narrativ geeignete Hinweise herauspicken. Erneut spaltet also ein aktuelles Thema quer durch alle Lager – ist aber wahrscheinlich wieder nur Symptom bereits bestehender Spaltung[39].

Die nationalen Grenzschließungen und die Interventionen[12] bis hin zum Hausarrest gesunder Bürger[60] hätte vor der Panik angesichts der norditalienischen Todeszahlen kaum jemand für möglich gehalten. Führende Politiker hatten solche Reaktionen völlig ausgeschlossen. Anfang des Jahres 2020 war es noch Mehrheitsmeinung, »Corona-Leugner« zu sein. Der öffentliche Rundfunk in Deutschland erklärte etwa in einer Sendung Corona-Panikmache zum Hinweis auf rechtsextremes Gedankengut.

Europa traf der Schock, zum Epizentrum[10] der Coronavirus-Pandemie zu werden, und die Meinung drehte sich. Angesichts exponentiell wachsender Belegungen der beschränkten Intensivstationen, des Institutionenversagens[53] bei der Ausstattung der Krankenhäuser mit Schutzausrüstungen und bei anderen Prozessen der Pandemiebewältigung schien der Griff zum Panikknopf, zur Stopptaste, alternativlos.

Es war eine Schocksituation der Ungewissheit[15] des Pandemiegeschehens durch Unwissen über die kausalen Zusammenhänge und der mangelnden Vorbereitung – beides Folgen fehlender Innovation[43] und Lernfähigkeit. In einer solchen Lage des Unwissens blieb nur die mittelalterliche Methode des

Lockdown. Das ist so, als wäre unsere Mikrowelle kaputt und wir müssten Feuer machen.

Schon nach wenigen Wochen deutete sich an, dass die Autorität der Wissenschaft[16] mit prophetischer Gabe verwechselt worden war. Die epidemiologischen Modelle waren durchwegs falsch. Die Abflachung der Zahl an Intensivpatienten setzt viel früher ein. Heute blicken wir gebannt auf Infektionszahlen, die weitgehend irrelevant sind.

Die Spaltung[39], vor allem in den USA[57], verhindert eine kritische Bestandsaufnahme. Der Lockdown war politisch alternativlos, weil die Gesellschaft nach anfänglicher Sorglosigkeit in Panik gekippt war, und praktisch zumindest plausibel, weil die mögliche Selbstverstärkung der Todesdynamik zu klären und zu bremsen war. Im Nachhinein ist mit steigender Gewissheit davon auszugehen, dass die Folgeschäden des Lockdown – auch und gerade gesundheitlich – größer sein werden als der abgewandte Schaden.

Nicht Europa hat die Pandemie in den Griff bekommen, sondern die Pandemie Europa – und die entstandene Verwirrung könnte die Grundlage für das Wüten einer weit schlimmeren, völlig übersehenen Pandemie sein: eine Pandemie von Gedankenviren[42].

Kapitel, die auf dieses verweisen: Kap. 1, 11, 12, 16, 17, 29, 30, 39, 40, 42, 49, 53, 57

9. War die Pandemie ein Schock, ohne den wir kaum Probleme hätten?

Das Virus kam nicht mit einem UFO aus dem Weltall. Pandemien sind eine der am meisten prophezeiten und analysierten Gefahren einer globalisierten[52] Welt. Alle paar Jahre gibt es Kandidaten für Pandemien.

Einer der bekanntesten und reichsten Menschen der Welt versucht mit großem Mitteleinsatz seit vielen Jahren, die Weltaufmerksamkeit auf das Thema zu richten. Eine Studie im Auftrag des deutschen Bundestages simulierte vor wenigen Jahren ausgerechnet das Szenario einer »Corona-SARS-Pandemie« mit alarmierenden Ergebnissen – für die sich offenbar niemand interessierte. Als wahrscheinlichster Überträger solcher Viren waren schon lange Fledermäuse identifiziert, als wahrscheinlichster Ausbruchsort galt China. Diese Pandemie ist also keinesfalls ein »schwarzer Schwan«, ganz im Gegenteil könnte dieser Schwan kaum weißer sein.

Auch als »weißer Schwan« ist die Pandemie schrecklich genug, wenn auch bei weitem nicht so schrecklich, wie die erwähnten Warner prognostiziert hatten. Es tröstet, dass sie Kinder nahezu völlig verschont und geringe Letalität[14] aufweist.

Allenfalls schockierend sind die politischen Reaktionen und werden die wirtschaftlichen Folgen sein. Zuerst die Verschleierung in China[58], dann in Europa das brutale Exempel, gefolgt von Institutionenversagen[53], Schaden durch falsche Interventionen[12] und Spaltung[39] der Gesellschaft, verstärkt durch mediale[41] Panikmache. Noch schlimmer als all das werden die Folgen der politischen Schadensbewältigung sein.

Doch absehbare Entwicklungen, auch wenn sie negative sind, stellen weder Schock noch Krach[17] dar. Der relativ hohe Wohlstand in Europa lässt vieles als Luxusproblem erscheinen, doch das ist auch ein Hinweis auf mangelnden Antrieb, mangelnden Realismus und schwindende Lernfähigkeit.

Nicht das »Jammern auf hohem Niveau« ist das Problem, sondern die Kritik- und Antriebslosigkeit auf unverdientem Niveau. Die Gewöhnung an hohe Lebensqualität[3] bei schwindendem eigenen Beitrag führt notwendigerweise zu Schocks: zum Platzen von Blasen[18].

Kapitel, die auf dieses verweisen: Kap. 1, 6, 8, 12, 17, 30, 35, 53, 57

10. Warum wurde Europa zum Epizentrum?

Es gibt einen starken Zusammenhang zwischen Letalität[14] und hoher Virenlast sowie Anhäufung von Risikogruppen. Das bedeutet: Alte Menschen in geschlossenen Räumen sind das wesentlichste Element des Epidemiegeschehens.

Womöglich wird letztlich der größte Teil des norditalienischen Horrors dem staatlich gesteuerten Sammeln von Infizierten in Spitälern und Altersheimen zuzuschreiben sein, wenn jemals eine Aufklärung des Geschehens gelingt. Ähnliches ist in New York geschehen.

Die Italiener hatten allerdings auch Pech: früher einsetzende Ansteckungsdynamik bei noch geringerem Wissensstand und noch geringerer Aufmerksamkeit. Höhere Anzahl von Mehrgenerationenhaushalten; vielleicht hat auch die körpernähere Kultur eine Rolle gespielt – eigentlich Dinge, die für die Italiener sprechen. Am stärksten wirkte wohl ohnehin spontane »soziale Distanz«, nachdem die Sorge in der Gesellschaft gewachsen war. Auch diese freiwillige Vorsicht setzte in Italien erst später ein, wirkte aber in den anderen europäischen Staaten – darunter auch Schweden, wo sich die Ausbreitung nach bereits geweckter Sorge vollzog.

Italien wurde als Tourismusdestination[52] – so wie Deutschland als Industriedestination – früh von Infizierten besucht; für die Schuldzuweisungen an die Modeindustrie, in der relativ viele Chinesen – oft illegal – arbeiten, gab es keine weiteren Belege. Italien hatte auch relativ früh die direkte Einreise aus China unterbunden, was angesichts moderner Mobilität relativ wirkungslos ist. Völlige Grenzschließungen hätte man damals ausnahmslos für Irrsinn gehalten.

Mittlerweile müssen wir auch Ansteckungs- und Todes-Epizentren unterscheiden. Hohe Todeszahlen verweisen auf große Ansteckungsdynamik unter überdurchschnittlich alten und kranken Menschen. Hohe Ansteckungszahlen entstehen durch »Superspreader«: längere Nähe in geschlossenen Räumen mit viel Atemaustausch durch lautes Sprechen, Singen und intensivem Mundkontakt.

Das Epizentrum Ischgl in Tirol war eines der Ansteckung, die Todeszahlen vor Ort sind überraschend niedrig – statistisch unter der Relevanzschwelle. Verbindungen zu Todes-Epizentren anderswo sind bislang nicht belegt, zumal nach Ischgl der Fokus schon auf der Pandemie lag und die Vorsicht entsprechend größer war.

Warum lag das Epizentrum der Pandemie nach China[58] nicht in Asien? Die dynamischsten Orte mit dem höchsten Verkehr aus China – Singapur, Hongkong und Taiwan – waren nach vergangenen Epidemien vorbereitet. Es gab keinen Mangel an Schutzausrüstung, mehr Vorsicht in der Gesellschaft und frühes Nachverfolgen möglicher Ansteckungsketten auf höchstem technischen Niveau.

Letzteres ist in Europa aus Gründen des Datenschutzes[13] nicht möglich. Die Ansteckungsdynamik durch das Verhalten freier Menschen war aber kaum der Kern des Problems. Die Übersterblichkeit hätte wohl durch früheren Schutz der Risikogruppen vermindert werden können. Und auch das hätte vor allem die Unterlassung einer Gefährdung durch mangelhafte Prozesse im Gesundheitssystem bedeutet, durch welche die dichte Ansammlung von Alten und Kranken in geschlossenen Räumen in Europa eher die Regel als die Ausnahme ist.

Kapitel, die auf dieses verweisen: Kap. 8

11. Sollten exponentielle Entwicklungen verhindert werden?

Seit der Pandemie[8] ist die Furcht vor exponentieller Entwicklung noch größer geworden. Schon davor hatten Kritiker unseres Wirtschaftssystems vor unbeschränktem Wachstum[50] gewarnt.

Tatsächlich findet in der Regel eine Verwechslung statt: Die meisten Prozesse, die als Exponentialfunktionen erscheinen, sind tatsächlich S-Kurven (Sigmoidfunktionen).

Unser Gehirn tut sich extrem schwer dabei, Selbstbeschleunigung und Selbstverlangsamung zu verstehen, da beides nichtlineare Prozesse sind. Die S-Kurve verbindet beides: Die Selbstbeschleunigung wird erst bemerkt, wenn sie so steil wird, dass sie in die Vertikale geht; dann schlägt Sorglosigkeit in Panik um. Der Punkt des steilsten Aufstiegs in der S-Kurve ist aber schon der Wendepunkt.

Natürliche Prozesse sind komplexe Kombinationen: Das rasante Wachstum eines Faktors entfernt diesen von den anderen Faktoren, die er als Nährboden, Elemente und Verbindungen benötigt. Die Selbstverlangsamung bleibt unbemerkt, bis die Dynamik zum Erliegen kommt.

Dynamik[28] lässt sich selten verhindern, nur verlagern, wenn sie in der Selbstbeschleunigungsphase ist. Der Fokus der Interventionen[12] auf den steilsten Punkt ist ungünstig. Wir wenden dann die meisten Mittel auf, wenn es eigentlich zu spät ist – und könnten dann noch der verheerenden Täuschung einer Wirksamkeit erliegen, wenn die Selbstverlangsamung tatsächlich später eintritt. Während der Flut ist es sinnlos, Dämme zu bauen.

Gewiss erkennt der Leser hier schon eine Minderheitenmeinung[38] zur Pandemie[8], aber die Analogie geht weiter und gilt auch anderen Interventionen[12], etwa jenen zur Bewältigung der Wirtschaftskrise[17].

Kapitel, die auf dieses verweisen: Kap. 2, 6, 18, 21, 28, 39, 50, 55

12. Wären wir ohne politische Interventionen nicht in die Katastrophe gerutscht?

Auf der einen Seite sollten Interventionen wie verordneter Hausarrest in weiten Teilen Europas Menschenleben retten, auf der anderen Seite sollten Interventionen wie Überbrückungsliquidität die Wirtschaft retten. Zumal die Pandemie[8] noch nicht mit Gewissheit bewertet werden kann, sei hinsichtlich des ersten Ziels nur leiser Zweifel angemeldet: Die Härte der Interventionen wird wohl eher mit höherer Sterblichkeit korrelieren. Bei einer Ansteckungsdynamik vor allem in Innenräumen ist das behördliche Leeren der Straßen wohl kontraproduktiv gewesen, und die Leerung der Krankenhäuser für den erwarteten Ansturm von Pandemieopfern hatte klarerweise dramatische Nebenfolgen durch drastisch reduzierte Gesundheitsversorgung.

Die gewonnene Zeit wurde von der Politik vorwiegend zur Inszenierung genutzt. Das politische System scheint keine Spur lernfähiger geworden zu sein. Doch Wutbürger, die den schwarzen Peter nun allein den Regierungen zuschreiben, sollte man nicht für ihre Minderheitenmeinung[38] loben, sondern als Teil jener unproduktiven Spinner tadeln, deren Freiheit zu spinnen zwar sakrosankt sein muss, aber individuell nicht heroisiert werden darf. Immerhin haben die meisten Privatleute die Zeit der größten Ungewissheit als Corona-Ferien konsumiert oder als Vorwand genutzt, im Job weniger zu leisten. Eine Gesellschaft, die von sorgloser Ignoranz in kopflose Panik verfallen ist, sollte nach einem völlig unverdienten Popularitätshoch für die machthabenden Politiker nun nicht im Nachhinein allzu besserwisserisch über ihre Politiker wüten, auch wenn sich die allermeisten Maßnahmen als sinnlos bis schädlich erweisen werden. Mehr Wut ist angebracht über das Sinken der eigenen Innovationskraft oder hohe Abhängigkeit von Transfers.

Die plötzlichen Einkommensausfälle setzen viele naturgemäß unter Existenzdruck, vor allem mangels eigener Liquidität[31] und hoher Schuldenlast. Wenn der Schaden schon angerichtet ist, dann soll ihn die Politik zumindest reparieren – so die landläufige Einstellung.

Doch Politik kann nur das zuteilen, was aktueller oder künftiger Produktivität entspringt. Schadenswiedergutmachung durch Politik kann daher nur auf der Grundlage von einer der folgenden Prämissen funktionieren: Erstens, Politiker sind in der Lage- und Zukunftseinschätzung besser als private Entscheider. Zweitens, durch Schuldtitel können künftige Steuereinnahmen heute schon erlöst werden und der frühere Einsatz erspart später höhere Kosten oder bedeutet größeren Wohlstand. Die zwei Alternativen bedeuten also: Gegenwärtige Umverteilung[25] von schlechterem Mitteleinsatz durch private Entscheider zu besserem Mitteleinsatz durch politische Entscheider oder zeitliche Umverteilung von später schlechterem privaten oder politischen Mitteleinsatz zu heute besserem politischen Mitteleinsatz.

Dass die erste Prämisse hält, erscheint aktuell nicht sonderlich wahrscheinlich. Die schockartigen[9] Extremmaßnahmen sind klarer Hinweis auf falsche Lageeinschätzung durch die Politik. Gewiss, auch die Gesellschaft war nicht viel weitsichtiger, doch kann Umverteilung natürlich nie von den Kurzsichtigeren zu den Weitsichtigeren innerhalb der Gesellschaft gehen. Die Logik gebietet, dass sie nur von heute noch Wertschöpfenden zu heute nicht mehr Wertschöpfenden gehen kann.

Daher bleibt als einzige Alternative – da scheint sich auch die Politik sicher – nur die zweite Prämisse: Abwendung der Notlage durch neue Schulden[22]. Seit de facto zinslose Staatsanleihen[34] aber das zunehmend wichtigste Zentralbank-Asset sind, bedeutet das Geldschöpfung[20].

Gewiss ist die aktuelle Katastrophe nicht einfach auszusitzen. Es ist wesentlich leichter, Produktionsprozesse anzuhalten als sie wieder zum Laufen zu bringen. Grundsätzlich erlauben Kurseinbrüche und Unternehmenskonkurse das Übergehen der Produktionsstruktur in die Hände jener, welche die Zukunft besser antizipiert haben: Heute heißt das, in die Hände derjenigen, die liquider und robuster aufgestellt sind, flexibler mit neuen Situationen umgehen können und Potenziale vor anderen erkennen. Fluglinien können sich in Luft auflösen, Flugzeuge – abgesehen von merkwürdigen Ausnahmen – nicht.

Aktuell wird ein viel zu großer Teil der Produktionsstruktur von Akteuren kontrolliert, die sie falsch einsetzen, etwa den sogenannten Zombieunternehmen. Falsch bedeutet in mangelnder Übereinstimmung mit den aktuellen und künftigen Bedürfnissen und Plänen der Menschen.

Doch Krisen[17] sind stets Hinweise auf negative Überraschungen – das heißt, die meisten lagen in ihrer Einschätzung falsch, was zu Schockstarre führen kann. Je weniger agil und lernfähig eine Gesellschaft, desto gravierender die Krisenohnmacht. In dieser Situation könnten Kapitalstrukturen zu schnell zerstört werden, weil der Zugang von neuen und besseren Unternehmern und Investoren stockt.

Die größte Gefahr liegt darin, dass sich ein weit unterschätzter, weil unsichtbarer Teil des Kapitals in Luft auflöst: Wissen. Entwickelte Produktionsstrukturen sind weit eher geistiger als materieller Natur. Stillstehende Produktion könnte die nötige

Weitergabe, Mehrung und Erhaltung von Wissen bedrohen. Wirtschaftlich relevantes Wissen benötigt praktische Anwendung, um frisch zu bleiben, es kann schnell obsolet werden. Leider wird dieser geistige Aspekt von den meisten übersehen. Er bedeutet nämlich nicht, dass es nun vor allem um den Erhalt von Arbeitsplätzen[26] ginge.

Nahezu alle geld-, fiskal- und wirtschaftspolitischen Maßnahmen werden, wenn sie sich daran orientieren, Schaden »gutzumachen«, Lernunfähigkeit belohnen, Strukturanpassungen vereiteln und nachhaltige Grundlagen der Produktivität weiter untergraben – führen also in eine Interventionsspirale[54]. Die einzig sinnvollen politischen Maßnahmen federn vorübergehend größte Not ab und verhindern Katastrophen des Kapitalkonsums. Alle weiteren Maßnahmen sind gesellschaftlicher Natur – können aber natürlich von Politikern, die ja Teil der Gesellschaft sind, angeregt, begleitet, gestützt werden.

Kapitel, die auf dieses verweisen: Kap. 1, 7, 8, 9, 11, 15, 17, 20, 21, 29, 40, 53, 54, 55, 56, 58, 62

13. Bedeutet strengerer Datenschutz mehr Freiheit?

Das Recht auf Privatsphäre ist Teil der Freiheit[48], indem wir Mitbürger in ihrer Autonomie respektieren. Privatsphäre im eigentlichen Sinne scheint immer weniger zu gelten: Das schwindende Vertrauen[40] führt zu Generalverdacht. An Abhören, Konteneinsicht, »Doxing« (Identifizierung von Menschen gegen ihren Willen), Kapitalverkehrskontrollen[55] gewöhnen wir uns langsam. Merkwürdig ist nur, dass der Datenschutz so präsent zu sein scheint: Die EU[5] verordnete eine strenge Datenschutzverordnung zur nationalen Umsetzung, amerikanische Unternehmen sind immer wieder in der Kritik – und ein gewisser Stolz scheint in Europa vorhanden zu sein, es mit Daten strenger zu nehmen.

Doch das ist vor allem Ablenkung. Gesetzlich liegt nun der Fokus auf Daten, die Menschen freiwillig teilen und deren Verarbeitung kaum schlimmere Folgen für sie hat als Werbekontakte. Gewiss ist das Geschäftsmodell der »(un)sozialen Medien[41]« bedauernswert, es ist aber Folge und nicht Ursache der kurzfristigen Gratiskultur.

Die Datenschutzgrundverordnung lud im Wesentlichen Unternehmen Kosten und Mühen auf, ohne irgendeine der wahren Gefahren für die Privatsphäre einzudämmen. Die Datenverarbeitung, um die Zielgenauigkeit von Werbung zu erhöhen, ist keine reale Gefahr. Eine reale Gefahr ist die schwindende finanzielle Privatsphäre der Bürger[60], denn sie könnte zu einer Existenzbedrohung werden, und der leichtfertige Umgang von Medien[41] mit der realen Identität von Menschen, die zunehmend digitalen Mobs ausgesetzt werden, die immer öfter gewalttätig ins Analoge übergreifen. Manche Regierungen erzwingen sogar Klarnamen im Digitalen – ein gemeingefährliches Missverständnis digitaler Dynamik. Nicht vom Trollen, der »Hassrede« im Netz von marginalisierten Figuren, geht die größte Gefahr aus, sondern vom Hass, der digital organisiert gegen Einzelmenschen gerichtet werden kann.

Datenschutz ist also kaum Ausdruck von Freiheit, sondern Ausdruck einer Schizophrenie: Einerseits die Anspruchsmentalität, von der Kostenlosigkeit der werbefinanzierten Geschäftsmodelle zu profitieren, und der digitale Exhibitionismus von Narzissten, andererseits die Missgunst, irgendjemandem nützlich zu sein – und sei es auch nur durch im Einzelnen wertlose Daten, die erst im Aggregat und in Verbindung mit dem Konsumismus breiter Schichten wertvoll werden. Datenschutz ist vor allem aber ein Ablenkungsmanöver der Politik.

Diese merkwürdige Einstellung zu den Daten führt dazu, dass Europa zwar Datenerhebungsweltmeister ist, mit seiner alten Schriftkultur, die zunehmend in Behörden und Institutionen frei von realer Nützlichkeit gedeiht. Mit diesen Daten irgendetwas Sinnvolles anzustellen, da aber wird Europa zum Schlusslicht.

Der Bluff rund um die Daten gelingt dank technischen Unwissens: dass Datenzugriff nur total oder gar nicht möglich wäre und dass die gesamte Privatsphäre dahin wäre, wenn Daten verarbeitet würden. Tatsächlich erlaubt die Kryptographie Datenkontrolle und Datentrennung bei völliger Digitalisierung[19].

Behörden arbeiten allen Ernstes noch mit Papierformularen, denn Mehrarbeit ohne Nutzen ist für sie kein Kriterium: Eigene Mehrarbeit ist stets Legitimierung von mehr Mitteln und mehr Bedeutung, Mehrarbeit der »Untertanen« bleibt ohne

Konsequenz. Ständig werden uns Daten abgenötigt, eben ohne Nutzen und Sinn, und daher als reine Schikane. Aber als Daten bei der Pandemieeindämmung nützlich hätten sein können, zählten nur die Vorbehalte, als ob die Auswertung anonymisierter Bewegungsdaten ein schlimmerer Eingriff wäre als der verordnete Hausarrest gesunder Bürger.

Die Pandemie wäre die Gelegenheit zur Optimierung von Prozessen in Verwaltung und im Gesundheitssystem, für Innovation[43] im Bereich digitaler Identität zur Vereinfachung des Lebens statt zur Überwachung. Die heutige Technik ermöglicht passgenaue Datenübermittlung nach gegebener Erlaubnis. Die ständige Aufnahme von Namen und Anschrift, die bei allen Interaktionen die volle Identität preisgibt, ist nur Ausdruck technischer Rückständigkeit. Denn letztlich geht es in den meisten Anwendungen gar nicht um die Übermittlung von Identitätsdaten, sondern um sicheres Erlaubnismanagement und den Schutz vor Datentäuschung.

Das innovative Verbinden von anonymisierten Suchanfragetrends, Bewegungsmustern und Gesundheitsdaten würde die mittelalterlichen Methoden von Lockdown und nationalen Grenzsperren wohl auch bei wesentlich schwereren Pandemien ersparen. Noch sind die Erfahrungen schwer vergleichbar, aber die weniger starke Unterbrechung des Alltagslebens in Taiwan und Singapur wird zum Teil auf die viel höhere Kompetenz im Einsatz digitaler Werkzeuge zurückzuführen sein, nicht bloß auf »Überwachung« – als ob in Europa wesentlich mehr relevante Privatsphäre gegeben wäre.

Kapitel, die auf dieses verweisen: Kap. 10

14. Also doch nur ein weiterer Corona-Leugner?

Ich habe selbst bereits im Februar in Artikeln davor gewarnt, das Coronavirus zu unterschätzen, als in Europa noch Sorglosigkeit herrschte. Der Eindruck hoher Letalität in Norditalien führte dann zu Panik. Panik ist die Angst, die zu spät kommt. Wenn man schon in Panik geraten möchte, dann so früh wie möglich.

Zur guten Abschätzung von Letalitätszahlen braucht man ein möglichst kontrolliertes Umfeld; das unverstandene Seuchengeschehen in Italien eignete sich dafür nicht. Die Grundlage meiner Einschätzungen im Februar war daher das unfreiwillige Großexperiment auf dem Kreuzfahrtschiff vor Japan. Daraus ließ sich relativ bald eine Letalität errechnen, die nicht über der von schwereren Grippewellen liegt.

Seitdem in Europa mehrheitlich verachtete Politiker den Grippevergleich bemühten, ist er zu einem Tabu geworden. Das ist genauso dumm, wie den Grippevergleich zum Abwiegeln zu nutzen: Grippe ist kein Schnupfen, sondern ein Komplex von Infekten ausgelöst durch laufend mutierende Viren, der in Gesellschaften mit langer Lebenserwartung wachsende Todeswellen bedeutet, die man nicht auf die leichte Schulter nehmen sollte.

Vor einer Pandemie mit Grippeähnlichkeit besorgt zu sein, ist richtig. RNA-Viren sind veränderlich, und eine neue Rekombination, die hohe Letalität (bei der Vogelgrippe z. B. 60 Prozent) mit hoher Infektiosität (R0 bei Masern z. B. 15) verbindet, ist nie auszuschließen – etwa durch lange Inkubationszeit, asymptotische Übertragung oder Spätfolgen. Im Nachhinein kann sich diese Sorge als nicht zielführend erweisen, weil jegliches Handeln irrelevant war – etwa weil die überwiegende Zahl an Mutationen keine Verschlimmerung der Lage bedeutet und die meisten Viren völlig harmlos, viele sogar gutartig sind.

Der mediale Fokus auf Infektionszahlen ist weitgehend irrelevant, denn diese folgen den Tests und sind nicht nach relevanten Unterschieden aufgeschlüsselt, nämlich Alter und Komorbidität. Inzwischen hat sich das gesamte Konzept einer Reproduktionszahl als Trugschluss[16] erwiesen: Ein epidemiologisches Kürzel, eine Heuristik wurde durch akademisch-mediales Überstrapazieren zur Richtschnur und kehrte damit geringen praktischen Nutzen zu großem praktischen Schaden um. Da es keinen Durchschnittsmenschen mit einem modellhaft vorhersehbaren Verhalten gibt, gibt es auch nicht die Reproduktionszahl an sich, sondern eine Ansteckungsdynamik, die sich von Individuum zu Individuum und Kontext zu Kontext unterscheidet. Hier liegt der Schlüssel, die zahlreichen Paradoxa aufzuklären, die bei diesem komplexen Problem wieder die Spaltung[39] und die Blasen[18] nähren.

Kapitel, die auf dieses verweisen: Kap. 8, 9, 39

15. Was können wir schon wissen?

Wir wissen bei aktuellen Fragen angesichts der unglaublichen Aufmerksamkeit, des wütenden Politisierens und des heute unvermeidlichen Lagerdenkens stets frustrierend wenig. Abschließende Beurteilungen müssen manchmal eine Generation warten, oft länger, gelegentlich gelingt die Aufklärung niemals. Es ist daher auch sinnlos, beim Handeln auf Gewissheit zu warten. Wir können Handlungen, und dazu zählen auch Urteile, oft nicht an ihren Konsequenzen messen, denn deren Gewissheit kommt zu spät oder gar nicht. Immer wieder können wir aber Rückschau halten, um Fehler zu erkennen.

Fehler sind nicht bloß Unterschiede zwischen Ergebnis und Intention. Ergebnis und Intention können übereinstimmen, und dennoch kann die Handlung ein Fehler gewesen sein: wenn Ergebnis und Intention nur korrelieren und nicht kausal verbunden sind. Diese Fehler sind oft die gefährlichsten, weil sie so leicht zu übersehen sind und wir dann nichts aus ihnen lernen. Politiker haben Maßnahmen gesetzt[12], und die Ansteckungskurven haben sich verflacht. Politischer Erfolg oder Bestärkung der Lernunfähigkeit?

Ergebnis und Intention können auch übereinstimmen, weil sich eine unwahrscheinliche Prämisse als richtig erwiesen hat. Die besten und wichtigsten Handlungen sind oft dieser Art: Erfolgreiche unternehmerische Entscheidungen, Abweichen von Dissidenten – die für eine Gesellschaft und Wirtschaft so wichtigen Minderheitenmeinungen[38]. Ein Erfolgsrezept ist das aber keines. Die meisten Unternehmer scheitern. Die meisten »Contrarians« sind Spinner. Unwahrscheinliche Ansätze sind meistens falsch, sonst wären sie nicht unwahrscheinlich.

Erkenntnissuche verstärkt angesichts der Ungewissheit und Komplexität der Welt meist die Zweifel. Steigendes Wissen mindert die Ungewissheit kaum, oft entscheiden wir mit mehr Wissen nicht besser, sondern schlechter. Das ist kein Argument gegen die Vernunft, aber eines das erklärt, warum Denker und Macher selten aus demselben Holz geschnitzt sind. Macher benötigen Gewissheit. Gegen die Ungewissheit helfen Intuitionen. Können diese nicht greifen, weil der Kurs zu stark vom Bekannten und Anerkannten abweicht, dann helfen Interessen und Ideologien. Auch auf der Basis von falschen Prämissen gefundene Gewissheit kann zu zielführendem Handeln motivieren. Ist dieses Handeln dann ein Fehler? Ich halte solches Handeln für falsch, obwohl es im Resultat richtig ist. Ebenso kann man sich auf der Basis von richtigen Prämissen zu einem Handeln entscheiden, das letztlich nicht zielführend ist. Ich halte solches Handeln für richtig, obwohl es im Resultat falsch ist.

Der schlimmste Umgang mit Ungewissheit ist derjenige, der von der Sorglosigkeit in die Panik kippt. Ungewissheit unterscheidet sich von Ignoranz. Ignoranz ist Desinteresse an der Welt, ob aus Fatalismus oder Bequemlichkeit. Ungewissheit erfahren wir erst in der Konfrontation mit der Realität. Das plötzliche Kippen von Ignoranz in Ungewissheit verunsichert, weil auf die Ungewissheit eben oft nicht gleich Gewissheit folgt, sondern meist weitere und wachsende Ungewissheit. Dann drängt es zu den falschen Gewissheiten, der Ungeduld, der Verachtung für Denker und dem Klammern an Interessen und Ideologien.

Ignoranz ist manchmal sogar vernünftig und meistens besser als die Panik. Diese »rationale« Ignoranz erkennt die Opportunitätskosten des Versuchs, zu Gewissheit zu gelangen oder

Ungewissheit zu schultern. Sie hält sich an einfache Regeln, an das selbst Überschaubare und direkt Beeinflussbare. Zum Glück drängt das Gemüt manche Menschen zu mehr und Größerem. Oft gehört dazu Selbstüberschätzung und Geltungsdrang. Zu unserem Unglück ist der politische Weg dazu bequemer als der unternehmerische.

Kapitel, die auf dieses verweisen: Kap. 8, 16, 17, 18, 43, 60

16. Was ist der wissenschaftliche Konsens?

Eine neue Kirche hat die alte weitgehend ersetzt. An den Lippen ihrer Prediger hängen die medialen Massenverkünder[41], sie verleiht den Machthabern die heute wichtigste Legitimität. Kurz könnte man diese neue Kirche »die Wissenschaft« nennen, doch das ist so irreführend, als hätte man die alte Kirche schlicht »die Religion« genannt. Relevant ist die konkrete Institution[53].

Sowohl Wissenschaft als auch Religion sind wichtige Bestandteile des menschlichen Potenzials und Daseins. Die Definition dieser Bereiche ist schwierig. Die meisten modernen Menschen werden den größten Unterschied darin sehen, dass Wissenschaft eine Herrschaft über die Materie erlaube, Religion nur eine über die Seelen, Psychen oder Gemüter. Das greift aber zu kurz. Technik[46] und Wissenschaft hängen weit weniger zusammen als die meisten glauben. Technik entsteht weitgehend in einem Prozess von Versuch und Irrtum. Wissenschaft im Sinne der konkreten akademischen Institutionen (und ihrer institutionalisierten Legitimität) folgt in der Regel auf technische Durchbrüche und geht diesen nicht voraus. Damit verleibt sie sich die Kraft der Technik ein, ähnlich wie die Politik.

Der akademische Bereich ist genauso wenig wie der mediale[41] ein Ort ausschließlich der Lüge und Täuschung. Akademiker sind in der Regel überdurchschnittlich intelligent und wohl nicht unterdurchschnittlich anständig. Viele bemühen sich um Erkenntnis, Verstehen und Verständigung.

Die aktuelle Pandemie[8] zeigt nicht nur das Gewicht der neuen Kirche, sondern auch ihre Anreizprobleme. Bei

Ungewissheit[15] ist es sinnvoll, sich auf das Wissen derjenigen zu verlassen, die spezialisierte Erfahrung haben. Leider spiegelt akademische Expertise nur Erfahrung in den jeweiligen Methoden und Prozessen der Institution wider. Epidemiologen haben in der Regel nicht mehr Erfahrung mit der Durchbrechung von Ansteckungsketten und anderen Trade-offs von konkreten Entscheidungen. Die real von ihnen verantworteten Entscheidungen sind der Art: In welchem Journal reiche ich ein Paper ein, welche Formulare fülle ich für Fördermittel aus, welche Aufhänger suche ich für meine Studien?

Zum Glück gibt es Epidemiologen, also Menschen, die für ein so wichtiges Gebiet Leidenschaft empfinden. Ein konkretes Beispiel zeigt aber die politisch verheerenden Folgen der selektiven Legitimierung akademischer Wissensversuche zu politischem Entscheidungswissen: das Pandemie-Modell des britischen Wissenschaftlers Neil Ferguson. Es prognostizierte ungebremst exponentielle Todeszahlen weit über jedes tragbare Niveau hinaus. Bestätigt schien das Modell durch die exponentiell wachsende Zahl schwerer Fälle in den Spitälern und Notlazaretten in Wuhan, Iran und Italien. Das »wissenschaftliche Modell«, vermeintlich bestätigt durch die Fakten, trug dazu bei, in kurzer Zeit Politik und Gesellschaft von Sorglosigkeit zu Panik zu führen. Fergusons Modell steht dabei nur stellvertretend für alle anderen Modelle. Mit der heutigen Faktenlage scheint kein einziges epidemiologisches Modell zusammenpassen – alle lagen falsch. Ferguson lag spektakulär falsch.

Das darf nicht gegen ihn sprechen. Ohne Irrtum keine Erkenntnis. Spricht es gegen seine Methode? Nein. Seine Methode bestand darin, das Verhalten von Menschen algorithmisch zu simulieren. Er hat zunächst fast im Alleingang eine Art »Sim City« der Epidemiologie gebaut. Das zeugt von Intelligenz, Leidenschaft, Frustrationstoleranz und Neugier. Die Komplexität des Unterfangens mag man für Selbstüberschätzung halten. Sein Code ist typisch für Programmierer, die ohne Druck durch Kunden oder Kollegen einem interessanten Problem, dessen Komplexität sie unterschätzen, alles unterordnen: Er ist unlesbar, voller Fehler, ohne Tests und letztlich unbrauchbar.

Diese Selbstüberschätzung ist im Individuellen günstig: Sie spornt Innovation[43] an. Problematisch ist das Hebeln dieser Selbstüberschätzung zur Institutionenüberschätzung, der politischen Hybris. Ein Code, der sich bei jeder konkreten unternehmerischen Verwendung als unbrauchbar erwiesen hätte, wurde zum Entscheidungsmodell – komplex genug, um als »wissenschaftlich« zu beeindrucken, simpel genug, um überhaupt in Algorithmen gepackt zu werden. Als Erkenntnisweg eines einzelnen Freaks wäre die Sache großartig gewesen, denn solche Spinner bringen die Welt weiter.

Leider selektiert der Staat[62] einzelne Spinner in einen neuen Klerus, hüllt sie in Kokons[18] und entreißt sie der realen Welt, um dann gelegentlich ihre Wirkung auf die reale Welt und Gesellschaft massiv zu hebeln. The science is settled! Wissenschaftlicher Konsens! So klingt das neue Deus vult! Da Wissenschaft und Konsens Widersprüche sind, finden sich natürlich auch immer akademische Spinner, die Widerspruch anmelden, oft jene, die bei den neuen Förderungsmoden und Polittrends den Kürzeren gezogen haben. Gerade bei Contrarians[38], also jenen, deren Einschätzungen gerade zufällig denen der knapp nicht zur Mehrheit zählenden

Minderheit in den Kram passen, ist die wissenschaftliche Legitimität besonders wichtig, denn sie bilden die Phalanx der Gegenwissenschaft.

Politisch gehebelt werden insbesondere zwei Methoden, die im Einzelnen achtbar sind, im Ganzen miserabel: Statistik und Modellierung. Es ist kein Zufall, dass sie die dominanten Methoden, fast schon der Kanon der heutigen Wissenschaftlichkeit sind. Die Interaktionen von Menschen statistisch zu erfassen oder zu modellieren, ist im Einzelnen achtbar, weil es eine formidable Geistesübung und ein respektables Schaustück der Informationstechnik ist. Überschätzt man Statistik und Modelle aber, kanonisiert man sie und macht man sie zum zentralen Förderungsmaßstab und Förderungszweck, dann schlägt geringer praktischer Nutzen in gigantischen praktischen Schaden um. Es sind die uninteressantesten und unmenschlichsten Eigenschaften, in denen Menschen Glockenkurven folgen und sich modellieren lassen. Die Wesen dieser Statistiken und Modelle sind Durchschnittsmenschen und Modellmenschen, prototypische Mitläufer – vielleicht deshalb politisch kanonisiert?

Die landläufige Vorstellung von Wissenschaft ist also grundfalsch. Ihre Autorität kommt nicht aus der Legitimität von »Experten«, sondern aus dem freien Wechselspiel von Versuch und Irrtum, von Argument und Gegenargument – und damit aus nützlicher Erkenntnis. Wir müssen nur auf die »richtigen« Epidemiologen, die »richtigen« Ökonomen, die »richtigen« Experten hören! So hallt es von allen Seiten. Welch Unsinn! Aufgrund der Ungewissheit[15] der Zukunft und komplexer Probleme gibt es keinen objektiven Maßstab im Vorhinein dafür, welche Wissenschaftler richtig liegen. »Konsens« ist eher ein Kontraindikator, wie die

Vergangenheit zeigt. Wissenschaft beruht nicht auf Konsens, sondern auf dem Mut zu unbequemer Erkenntnis, auch wenn sie Nachteile für den Einzelnen oder politische Interessen bedeuten.

Kapitel, die auf dieses verweisen: Kap. 7, 8, 14, 39, 42, 43, 57, 59

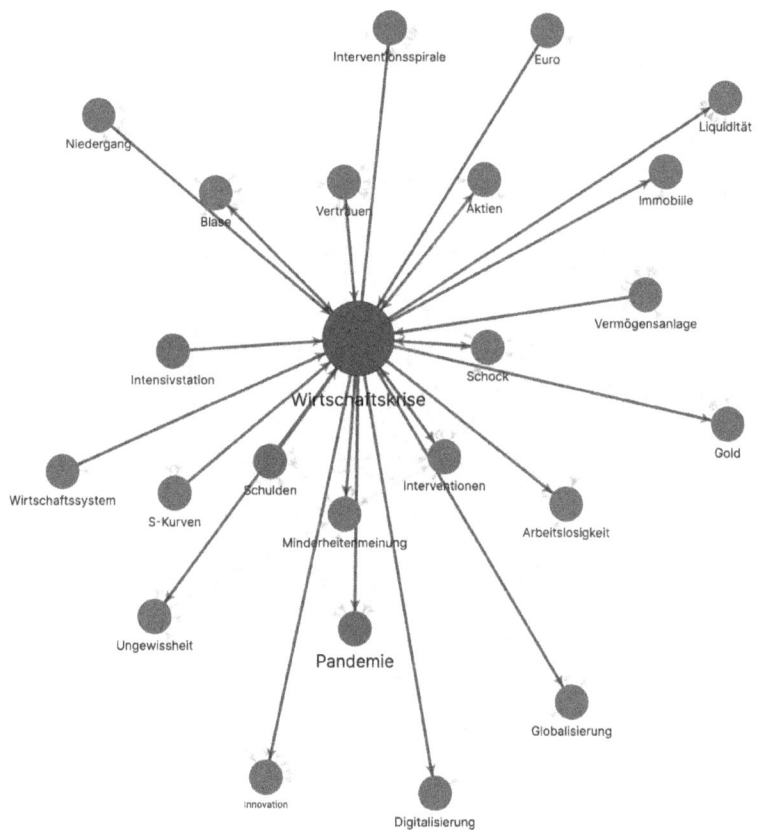

17. Wann kommt der große Krach?

Eine Wirtschaftskrise ist das plötzliche Aufdecken gehäufter Fehlannahmen über die Zukunft. Aufgrund dieser Häufung und Überraschung bedeuten Krisen scharfe Preiskorrekturen an Märkten. Gestiegene Ungewissheit[15] führt zu höherer Nachfrage nach Liquidität[31]. Das Abstoßen und der Nachfrageausfall illiquiderer Vermögenswerte mit der Folge purzelnder Kurse lässt Wirtschaftskrisen als schlagartigen Krach erscheinen, als Wendepunkte der Geschichte, nach denen nichts ist wie zuvor. Vom Ökonomen wünscht man sich daher den Blick in die Kristallkugel, um solches Krachen vorherzusehen.

Das Jahr 2020 hat schon viele Schocks[9] verursacht: Pandemie-Schock, Lockdown-Schock, Arbeitslosenschock, Ölpreisschock, Börsenschock, Wirecard-Schock, Kryptowährungsschock..., um nur einige zu nennen. Doch es hält sich die dunkle Vorahnung, dass der größte Schock noch aussteht: die vielleicht größte Wirtschaftskrise aller Zeiten.

Tatsächlich sind Wirtschaftskrisen subjektive und schleichende Prozesse. Aktienkurse[33], Immobilienwerte[36], Goldpreis[35], Arbeitslosigkeit[26], Insolvenzen, Verschuldung, Inflationsrate: Je nach Perspektive werden wir andere Veränderungen sehen. Wirtschaftskrise bedeutet aus subjektiver Sicht: Für mich relevante Werte haben sich rasant so verändert, dass ich kalt erwischt wurde und nun negativ überrascht, womöglich in der Existenz gefährdet bin.

Je mehr Menschen überrascht wurden, desto rasanter bewegen sich Werte. Warum sind die Urteile von Menschen nicht zufällig verteilt? Weil wir andere imitieren – Urteile sind stark korreliert. Gehäuften negativen Überraschungen im Hier und Heute gehen gehäufte positive Überraschungen in der Vergangenheit voraus: Anlageerfolg zieht neue Anleger an, Profite ziehen neue Unternehmen an. War der positive Eindruck, der zum Nachmachen bewog, ein falscher oder nicht nachhaltiger, kann man von einer Blase[18] sprechen.

Gewiss kann man sich in diesem Jahr auf eine Fledermaus ausreden. Das wäre aber eine sehr billige Ausrede. Die Pandemie[8] hat nur Entwicklungen beschleunigt, die bereits zuvor im Gange waren: Digitalisierung[19], *Verminderung* der Globalisierung[52] und steigende Volatilität an den Märkten. Am schlimmsten wird wohl das Weiterdrehen der Interventionsspirale[54] sein, die Legitimierung einer Politik »koste es, was es wolle«, um Krisen abzuwenden. Tatsächlich sind es aber die vermeintlichen Krisen-Interventionen[12], die neue Krisen nähren. Die Unterbrechung der Warenströme und vieler Industrien durch politische Anordnungen haben ungeheuren Schaden angerichtet. Doch dieses Schadenspotential war stets vorhanden. Der dadurch ausgelöste Anstoß in Richtung größerer Unabhängigkeit von Interventionen und größerer Resilienz bei Veränderungen könnte sich noch günstig auf die Innovationskraft[43] derjenigen Unternehmen und Standorte auswirken, die nun die richtigen Lehren ziehen.

Weitere Einbrüche werden folgen. Ein besseres Wort als »Krach« aber ist *Enttäuschung*. Eine ganze Reihe von Täuschungen werden auffliegen, was schmerzvoll für die Getäuschten und belastend für die Gesellschaft sein wird, weil dabei stets Vertrauen[40] verloren geht. Das Schielen auf den einen Zeitpunkt, den großen Krach, wenn uns das Fernsehen das Signal zum Neustart gibt, führt völlig in die Irre. Bei wem es noch nicht gekracht hat, der war entweder vorbereitet, weil sich doch manche Minderheitenmeinung[38] als richtig erwiesen hat, oder – was wahrscheinlicher ist – lebt in einer Blase[18].

Leider wird es auch den einen Krach nicht geben, der mit einem Mal alle Täuschungen beseitigt, den Kaiser als nackt erklärt und die Menschen in die Freiheit entlässt. Das ist nur ein Märchen.

Kapitel, die auf dieses verweisen: Kap. 1, 6, 9, 11, 18, 22, 23, 30, 33, 40, 63

18. In welcher Blase befinden wir uns – in einer Börsenblase?

Durchschnittliche Europäer sind relativ wenig an der Börse veranlagt. Vielleicht sehen sie deshalb vor allem die Blase an der Börse – kaum jemand würde heute bestreiten, dass die Aktienkurse[33] wenig mit der Realität zu tun haben.

Tatsächlich haben die Aktienkurse mehr mit der Realität zu tun als die Veranlagungen[30] und Einstellungen zum Thema Geld, aber auch zu Wirtschaft und Gesellschaft vieler Europäer.

Vor der drastischen Zunahme der Volatilität waren wir in einer Alles-Blase: Nahezu alle Vermögenswerte standen – nominal betrachtet – am Allzeithoch. Das alleine wäre schlicht ein Hinweis auf Geldentwertung, ähnlich dem Phänomen, als die Börse Simbabwes am Anfang der Hyperinflation die weltweit beste »Performance« hatte.

Doch das ist nicht mit »Alles-Blase« gemeint. Vielmehr geht es um die überraschende Korrelation nahezu aller Vermögenswerte, auch solcher, die sich traditionell gegenläufig verhielten. Diese zunehmende Korrelation ist eine Folge der Geldpolitik[20]. Es ist insofern eine Blase, als auch bei Geldentwertung S-Kurven[11] nicht für immer nach oben zeigen können.

Blasen gehen Wirtschaftskrisen[17] voraus, wenn ihre Korrektur unausweichlich ist. Aber nicht jeder starke Preisanstieg ist eine Blase. Entscheidend ist die irgendwann einsetzende Enttäuschung, bei der eine fluchtartige Selbstbeschleunigung des Verkaufs einsetzt. Es handelt sich um Enttäuschungen der Art, dass ein Kartenhaus an Täuschungen zusammenbricht – wie beim Unternehmen Wirecard.

Blasen, die irgendwann platzen müssen, sind jene Echokammern, die Menschen von der Realität trennen. Der Grund kann das Mitläufertum in geteilter Euphorie, aber auch in gegenseitig verstärkter Negativität sein. Die neue Volatilität ist das Borderline-Kippen zwischen »FOMO« – die panische Angst, etwas zu versäumen – und »FUD« – die ohnmächtige Angst aus Überforderung mit Ungewissheit[15]. Es handelt sich um schnelle Ansteckungskurven mit Gedankenviren[42].

Die geistigen Blasen sind in Europa heute viel verheerender. Der Preisanstieg von Vermögenswerten ist nur dann eine Blase, wenn die steigenden Nominalwerte als risikolose Vermögenssteigerung betrachtet werden. Anleger in dieser Blase werden von Volatilität und Entwertung kalt überrascht. Sie verkaufen dann panisch an Tiefpunkten und halten Euroguthaben für wertsichere Liquidität[31].

Die gefährlichsten Blasen bestehen in geistiger Abtrennung von der Realität, weil letztere für das Leben irrelevant wird. Dann kann man es sich sogar leisten, meist auf Kosten anderer, die Realität zu verachten. Ohne Realitätsbezug kann es aber keinen kritischen Diskurs geben, denn er wird sinnlos: Nur noch gleichwertige subjektive Meinungen stehen sich gegenüber – und das einzig relevante an ihnen ist, wie viel Macht hinter ihnen steht. Dann gibt es keine Grundlage mehr für Demokratie[61] – egal welcher Art – und Meinungen werden zum willkürlichen Erkennungszeichen von Freund und Feind. Die Absonderung in solchen Blasen bedeutet das Ende von gegenseitigem Vertrauen[40] und steht vor dem Niedergang[6] einer Gesellschaft. Dagegen verblassen alle Börsenblasen und sogar die Börsenkrache.

Kapitel, die auf dieses verweisen: Kap. 5, 6, 7, 9, 14, 16, 17, 26, 27, 29, 33, 39, 41, 42, 44, 47, 54, 57, 58, 59, 60, 62, 63

19. Ist die Digitalisierung Gefahr oder Chance?

Digitalisierung ist die Verlagerung von Beziehungen, Märkten, Prozessen und Strukturen ins Digitale. Dabei geht natürlich etwas verloren, und dagegen wird sich eine wachsende nostalgische Sehnsucht nach dem Analogen sträuben und wehren. Eine künstliche Beschleunigung ist immer heikel, denn sie gebiert ideologische Reaktionen. Diese bringen die Welt leider nicht ins Lot, sondern vergrößern nur die Schwankungsbreite und bringen Welt und Menschen dadurch noch mehr aus dem Lot – sie nähren neue Reaktionen.

Doch die Entwicklung hat auch positive Seiten: Erstens entzieht sich die digitale Sphäre – vor allem durch immer leichter nutzbare und immer weiter verbreitete Verschlüsselung – noch ein wenig dem totalen Zugriff des Staates. Mächtige Staaten wie die USA oder China sind gewiss schon weit fortgeschritten in der Überwachung ihrer Bürger. Doch einerseits sind die meisten Staaten dieser Welt weitaus weniger mächtig und können weniger private Kompetenz in ihren Dienst stellen. Andererseits eröffnet das Digitale immer neue Lücken, denen die Regulatoren hinterherhinken. Das letzte Beispiel eines Grenzlandes des Digitalen, das Pionieren einigen Freiraum zum Experimentieren lässt, ist der Kryptowährungs[37]-Sektor.

Zweitens senken digitale Werkzeuge oft die Transaktionskosten für Austausch und Zusammenarbeit. Die globale Verflechtung[52] ist künstlich verstärkt und erfährt daher viel Ablehnung. Doch sie erlaubt auch die Rekombination entfernter Ideen, Güter und Talente und nährt so die Innovation. Zwar befinden wir uns aktuell wahrscheinlich in einer Phase stagnierender bis abnehmender Innovationskraft[43], doch die Lage wäre weit dramatischer ohne die digitale Kostensenkung, die leider die politische – vor allem geldpolitische – Kostenerhöhung nicht ganz kompensieren kann.

Drittens wird durch jene Werkzeuge auch die Telearbeit immer einfacher. Dieser nun beschleunigte Trend könnte dramatische Folgen haben, denn er stellt zahlreiche Lebensmuster der industriellen Moderne infrage und damit letztlich auch den modernen Steuerstaat, der auf immobilen Arbeitskräften in stabilen Beschäftigungsverhältnissen beruht. Das Aufmischen der Unternehmensstrukturen könnte zudem die Innovationskraft der verbleibenden Unternehmen heben, indem der Fokus von Arbeitsplätzen[26] auf Prozesse geschoben wird. Dem Konzept »Arbeitsplatz« sieht man das statische Denken direkt an. Vielleicht könnte damit nun endlich der hartnäckige Irrtum der Arbeitswerttheorie aus den Köpfen in die Mottenkiste der Geschichte geräumt werden.

Viertens ist ein Prozess der Digitalisierung stets ein Prozess der Abstraktion. Das hat gewiss Nachteile, vor allem weil es das evolutionär gewachsene Gerüst der menschlichen Natur[49] ziemlich unter Druck setzt. Doch Abstraktion ist auch ein Weg der Vergeistigung und führt zu höheren Sphären – jene Sphären höchster menschlicher Schaffenskraft, die den Menschen eindeutig von der Rohnatur abheben. Abstraktion befreit von den allzu engen Assoziationen des Physischen und Angreifbaren, die das Denken einsperren können. Viele ökonomische Irrtümer, etwa die Blut- und Bodentheorien von Marxisten, Physiokraten und noch weniger respektablen Ideologen, beruhen auf solchen Assoziationen. Sie hängen am Materiellen und übersehen den geistigen und moralischen Wert des freien Austauschs autonomer Erwachsener, die sich vom Denken in Nullsummenspielen emanzipieren und an die Stelle von destruktivem Kampf und passiv-lethargischem Frieden der Stagnation den aktiv-produktiven Frieden wechselseitigen Wachstums in sportlichem Wettbewerb setzen.

Es ist sinnlos, sich gegen unaufhaltsame Entwicklungen zu stemmen. Aber man sollte auch nicht einfach hinterherlaufen. Der größte anzunehmende Unsinn in diesem Kontext kommt aus der Politik: EU[5]-Kommissionspräsidentin Ursula von der Leyen will Billionen »in die Digitalisierung investieren«. Übersetzt auf Deutsch: Jemand, der keinen Funken von Investitionskompetenz hat – ohne millionenteure Beratung nicht einmal den eigenen »Job« machen könnte –, versteckt maßlose Schulden[22]- und Geldproduktion hinter dem Alibi einer Entwicklung, deren technische und ökonomische Grundlagen schon so alt sind, dass wir längst in der Phase der Folgenbewältigung sind, nicht in der Phase der »Zukunftsinvestitionen«.

Gewiss gibt es zum Teil überraschende Mängel und Versäumnisse bei der digitalen Infrastruktur, insbesondere im vermeintlich technisch hochentwickelten Deutschland. Doch der Rückstau bei Infrastrukturinvestitionen ist keine Folge eines Mangels finanzieller Mittel, sondern falscher Anreize der Politik: Interessengruppen trachten danach, verfügbare Mittel so schnell wie möglich für aktuelle Vorteile abzusaugen. So weisen ausgerechnet Deutschland und die USA[57], zwei Staaten deren Kreditschöpfung praktisch unbeschränkt ist, beachtliche Infrastrukturmängel auf. Der Grund liegt darin, dass die geldpolitische[20] Verzerrung einen Sogeffekt auslöst: einen Wettlauf, bloß nicht beim Profitieren von diesen Mitteln ins Hintertreffen zu geraten. Daher der vermeintliche Sparzwang bei maßloser Geldexplosion und die endlose und unkontrollierbare Verteuerung staatlicher Projekte.

Kapitel, die auf dieses verweisen: Kap. 13, 17, 46, 52, 57

20. Was ist falsch an der Geldpolitik?

Wir haben uns daran gewöhnt, dass auf jede Kurskorrektur mit neuer Geldschöpfung geantwortet wird. Die herkömmlichen Instrumente der Geldpolitik sind dafür längst aufgebraucht, die Zentralbanken tappten oder tappen in die Nullzinsfalle.

Geld und Geldschöpfung sind hochkomplexe Themen. Die klassische Ökonomik hat sie nur ungenügend am Schirm. Bei kompetenten Beobachtern der Geldordnung besteht allein Einigkeit darin, dass die ökonomischen Lehrbücher die Prozesse weitgehend falsch beschreiben. Sonst besteht leider keine Einigkeit, weder über die tatsächlichen kausalen Mechanismen, noch über die Schlussfolgerungen und konkreten Maßnahmen – noch nicht einmal darüber, was Geld eigentlich genau ist.

Angesichts einer solchen Lage ist es gefährliche Bequemlichkeit, die Geldpolitik als Allheilmittel zu betrachten. Das ist wie das Überhitzen eines Reaktors, dessen Prozesse völlig konträr interpretiert – wenn überhaupt verstanden – werden.

Die Geldpolitik ist gefangen in einer Interventionsspirale[54]. Die Folge jeder weiteren Intervention zur vermeintlichen Stabilisierung ist die weitere Verzerrung der Wirtschaftsstruktur und das weitere Hinausschieben von nötigen Lernprozessen.

Ungedeckte Geldschöpfung bedeutet Umverteilung[25] von den Sparern zu den Erstempfängern der Liquidität[31] und zu denjenigen, welche über die Finanzmittel, Kreditlinien, Lizenzen und Kenntnisse verfügen, die Geldpolitik zu ihren Gunsten zu hebeln. Dieser Prozess ist schleichend, von den wenigsten verstanden und erhöht daher nur den Druck auf die Politik, Ungleichheit zu mindern, wodurch die gesamte Spirale

– von der ausgeschöpften Fiskalpolitik zur Geldpolitik – aber nur weitergetrieben und legitimiert wird.

Eine bessere oder andere Geldpolitik vorzuschlagen, ist aber sinnlos und wahrscheinlich auch gefährlich. Es befördert nur die Selbstüberschätzung, dass Ökonomen komplexe Systeme dieser Art steuern können.

Viel wichtiger bei einem überhitzten Reaktor ist das »Containment«. Interventionen[12] kommen zu spät und vergrößern oft den Schaden. »Containment« bedeutet die Schaffung von Schutzschichten und Ausweichmöglichkeiten, um Schaden zu minimieren. Die Tendenzen der Geldpolitik sind aufgrund der Sachzwänge, insbesondere der Überschuldung, kaum umzukehren.

Wohin könnte es gehen? Die Geldpolitik wird sich eine Fiskalpolitik erschleichen und erpressen, wenn die Nationalstaaten sie nicht abgeben – denn ist die Geldpolitik erschöpft, sind auch die Nationalstaaten bald erschöpft, deren Liquidität funktionierende Geldpolitik voraussetzt.

Fiskalpolitik bedeutet Verteilung: Die direkte Zuteilung von geschöpften Geld und das direkte Abschöpfen von Geld. Ersteres wird manchmal »Helikoptergeld« genannt, weil es die Zentralbank abwirft, wo sie sich die beste Wirkung verspricht. Letzteres ist Besteuern und Bestrafen zur Wahrung der »Stabilität«. Die Verschmelzung von Geld- und Fiskalpolitik bei legal unbeschränkter Nullzins-Geldschöpfung wird meist unter dem Etikett »MMT«[21], dem englischen Akronym für Moderne Geldtheorie, vorgeschlagen.

Kapitel, die auf dieses verweisen: Kap. 12, 18, 19, 21, 22, 23, 25, 26, 27, 30, 32, 33, 34, 35, 36, 37, 42, 43, 44, 45, 46, 49, 50, 52, 54, 55, 57, 58, 60, 62, 63, 64

21. Was ist MMT?

MMT steht für Modern Monetary Theory oder Moderne Geldtheorie, ist aber weder modern, noch eine Theorie. Sie ist schlicht Ausdruck des Abschlusses einer Entwicklung, die dazu führte, dass sich die Geldordnung der alten »staatlichen Theorie des Geldes« angenähert hat. Diese ist eben keine Theorie im Sinne einer Erklärung von Prozessen, sondern ein Postulat und Wunschbild. Sie reklamiert Geld als Werkzeug des Staates.

Die MMT sieht vor, Geldpolitik[20] zu einer Politik geplanter und planbarer Verteilung zu machen. Da irgendwann die S-Kurven[11] schuldengetriebenen Wachstums überschritten sind, private Unternehmer und Investoren weniger auf Zinsen als auf die realen Erfolgsaussichten einer Unternehmung achten, und die Geldschöpfung eine automatische Aufblähung von Vermögenswerten verursacht, die den am wenigsten Innovativen oft die größten Renditen bescheren, funktioniert der bisherige Geldfluss nicht mehr und das Zentralbankgeld findet keine Übertragung in die Realwirtschaft.

Angesichts der Billionenzahlen, an die wir uns gewöhnt haben, von denen bei normalen Menschen aber wenig ankommt, scheint es sich tatsächlich um ein Verteilungsproblem[25] zu handeln. Doch es ist die Geldpolitik die diese Fehlverteilung schafft – womit wir bei dem typischen Muster von Interventionen[12] sind: Sie legitimieren sich selbst.

Anzunehmen, dass außergewöhnliche geldpolitische Maßnahmen wie Helikoptergeld eine nachhaltigere Umverteilung erlauben, ist naiv. Je außergewöhnlicher die Maßnahme, desto weniger Menschen werden die Folgen korrekt antizipieren, desto weniger werden also davon profitieren. Die größten

Vermögenszuwächse haben in einer geldpolitisch verzerrten Wirtschaft stets diejenigen, die bewusst oder unterbewusst die Folgen der Zentralbankpolitik am besten erahnen.

Ein geldpolitisch geschaffenes Grundeinkommen für jeden klingt charmant, krankt aber daran, dass sich eine Grundkaufkraft für jeden eben nicht geldpolitisch, sondern nur durch Produktivität schaffen lässt. Der Weg des Helikoptergelds ist ein direkter in die Stagflation[27] mit Preiskontrollen, dann Kapitalverkehrskontrollen[55], dann Wirtschaftskollaps.

Allenfalls für die USA[57] gilt das nicht, denn nach der Weltwährung Dollar herrscht im Krisenfall erhöhter Bedarf: Dollarzuteilungen an Bürger sind also de facto Kaufkrafttransfers von Ausländern (späten Dollarempfängern) zu Inländern (frühen Dollarempfängern). Das geht solange gut, bis der Dollar nicht mehr Weltwährung ist – und ewig sind Weltwährungen niemals.

MMT wäre ein gewisser Abschluss, immerhin konsequenter und irgendwie auch ehrlicher. Ich sehe diese Tendenz als die Vollendung des Geldsozialismus. Das erklärt auch, warum die Geldpolitik der DDR recht nahe an der MMT war. Die Folgen können wir an dem Beispiel auch ersehen: Jeder hatte Mark, aber man konnte kaum etwas dafür kaufen. Strenge Kapitalverkehrskontrollen[55] mussten schließlich durch ebenso strenge Menschenverkehrskontrollen ergänzt werden.

Kapitel, die auf dieses verweisen: Kap. 20, 34, 54

22. Sind wachsende Schulden wirklich ein Problem?

Kredit ist ein wichtiges Werkzeug zur Schaffung von Wohlstand[24] und ein Ausdruck des Vertrauens[40] in einer Gesellschaft. Er erlaubte einst Sparern, am Wachstum[50] der Wirtschaft teilzuhaben. Doch heute entsteht Kredit kaum noch aus einem freiwilligen Akt des Vertrauens zwischen Sparern und Schuldnern. Das Ausmaß der Verschuldung ist nicht mehr durch die Ersparnisbildung beschränkt.

Unternehmer finanzierten sich früher auf drei Wegen: Wechsel, Anleihen[34] und Eigenkapital-Investitionen. Der Wechsel erlaubte die Vorfinanzierung der Produktionsausweitung von nachgefragten Gütern. Die dazu nötige Marktkenntnis hatten Wechselbanken. Dieses Instrument ist leider verschwunden.

Anleihen gibt es noch, doch ihre Bedeutung ist heute eine andere. Mit nahezu risikolosen Staatsanleihen und nahezu zinslosen Bankkrediten kann die Unternehmensanleihe kaum konkurrieren. Nachdem der Kredit eines Unternehmers nicht mehr heilig ist und Insolvenzen üblich – was gewiss nicht nur schlecht ist – ist die private Fremdkapitalfinanzierung eines Unternehmens kaum attraktiv. Der Anleger hat nahezu unbeschränkte Ausfallsgefahr, aber im Gegensatz zum Eigenkapital-Investor nur eine auf die Zinsen beschränkte Profitmöglichkeit. Noch schlimmer steht es um die »Crowd«-Finanzierung: Die staatliche Regulierung hat unter dem Vorwand des Anlegerschutzes die Anleger schlechtergestellt, nämlich zu Nachrang-Schuldnern gemacht, die im Falle der Insolvenz kaum zum Zug kommen.

Aktien[33] als leicht handelbare Form einer Eigenkapital-Investition sind Anleihen überlegen. Doch die Regulierung verteuerte diesen Zugang zu Kapital massiv, Hauptnutznießer sind Banken und Juristen. So bleibt für die Unternehmensfinanzierung oft nur die Bank.

Banken aber scheuen das Risiko und vergeben Kredite hauptsächlich an jene Unternehmer, die sie eigentlich nicht bräuchten. Das ist auch richtig so, denn in dieser Form – Geldschöpfung durch Bilanzverlängerung – ist die Finanzierung riskanter Unternehmen auch nicht sinnvoll, vor allem weil an der Solvenz der Bank die Ersparnisse gutgläubiger, finanziell unaufgeklärter Sparer hängen.

Schulden zur Unternehmensfinanzierung sind sinnvoll, wenn es leicht zu hebende Produktivitätsreserven gibt. Doch hier wirkt immer stärker der abnehmende Grenznutzen: Durch die mittels Geldpolitik[20] erlaubte und betriebene Schuldenexplosion ist der Beitrag neuer Schulden zur Produktivitätserhöhung kaum noch positiv. Um einen positiven Beitrag zu haben, müsste neuer Kredit zu den Innovativsten wandern – das ist aber mehrfach unplausibel: Die Geldschöpfung begünstigt die zu ihr Nächsten, und das sind überfettete Strukturen, die in der Regel zu den am wenigsten innovativen in einer Gesellschaft zählen.

Die Staatsschulden schließlich sind zum Selbstläufer geworden. Sie haben nicht mehr die Funktion, die Produktivität der Steuerzahler zu heben, um die Schulden später mit höheren Steuererlösen abzubauen. Vielmehr wurden Staatsanleihen[34] zum wichtigsten Aktivposten der Geldschöpfung. Staatsschulden werden laufend zu sinkenden Zinsen weitergerollt. Ihre Rückzahlung ist irrelevant geworden – schlimmer noch, man fürchtet sie: Da Staatsschulden die Basis der Geldschöpfung sind, wäre die staatliche Entschuldung deflationär.

Wachsende Staatschulden kompensieren daher sinkende private und unternehmerische Schulden. Die Angst vor sinkender Geldmenge lässt die staatliche Schuldenausweitung in Zeiten der Wirtschaftskrise[17] als alternativlos scheinen. Doch die bequeme Fortführung von Verzerrungen lässt die Wirtschaft degenerieren.

Eine Welt mit Schulden ohne konkrete Schuldner und ohne Risiko, das konkrete Investoren tragen, entspricht einem sinnleeren Wirtschaftssystem[63]. Investitionen werden dann zu politischen Entscheidungen im negativen Sinn, zur Belohnung für Mitläufertum, Speichelleckerei und Plünderermentalität.

Wachsende Schulden sind nicht das Problem. Wachsende Schulden ohne wachsende Produktivität, wachsende Innovation[43] und wachsende Dynamik[28] sind das Problem, denn sie sind ein Indikator massiver Verzerrung hin zu einer Wirtschaft, die immer weniger mit den Präferenzen der Menschen zu tun hat.

Kapitel, die auf dieses verweisen: Kap. 12, 19, 25, 26, 30, 34, 57

23. Ist der Euro sicher?

Der Euro hat viel symbolischen Charme, aber er erhöhte die Komplexität, verringerte den Spielraum für Variation und dadurch Lernen und machte geldpolitische Fehler zu kontinentumspannenden Katastrophen. Weil so viel am Euro hängt, ist es alternativlos, im engen Rahmen der geronnenen Entwicklungen und maßgeblichen Interessen ein mühsames Ausbalancieren zu versuchen. »Geronnen« sind die Verhältnisse, weil es sich weder nur um bewusste Entscheidungen, noch nur um spontane Entwicklungen handelt, sondern um ein undurchdringliches Gemisch von guten Absichten, organisierten Interessen, widersprüchlichen Theorien, sich wandelnden und wachsenden Institutionen[53] und Erfordernissen der politischen und wirtschaftlichen Praxis.

Der Euro ist der letzte Trumpf der Europäischen Union[5]. Der Euro war nie nur neutrale Währung zur Erleichterung des Handels, sondern ist wie der Dollar auch politisches Instrument derjenigen, die seine Schöpfung kontrollieren.

Diese Geldschöpfung erlaubt, die staatlichen Schuldtitel vor der Kaufenthaltung der Märkte zu bewahren und damit die Schuldhebel nochmals zu verlängern. Sobald die Staatsschulden aber nicht mehr durch Erwartung steigender Steuererlöse gedeckt sind – wobei es sich aus demographischer Perspektive schon lange um eine kollektive Illusion handelt –, handelt es sich bei der Monetisierung der Schuldtitel durch Zentralbanken um ungedeckte Geldausweitung.

Diese »erweiterte« Geldpolitik[20] geht erstaunlich lange gut. Doch gewöhnt man sich einmal an dieses Instrument, muss die Dosis laufend erhöht werden – bis zur »grenzenlosen«

Liquiditätszusicherung an die Märkte. »Whatever it takes« hatte Mario Draghi schon 2012 verkündet und damit das letzte Pulver verschossen. Die Fed manövriert sich nun wieder in die Nullzinsfalle, doch die EZB sitzt dort schon lange fest.

Geldschöpfung in der Nullzinsfalle aber wird zum Währungswettlauf. Der größte Erfolg des Euro ist der Mangel an Alternativen: Unter Blinden ist der Einäugige König. Nach Dollar und vor Yen reicht es zum Klassenzweiten. Europa besitzt zudem ein wertvolles Asset: die am besten regierbaren und zuverlässigsten Steuerzahler der Welt, insbesondere die Deutschen.

Krisenartig[17], also plötzlich und selbstverstärkend, ist schließlich nur das potenzielle Ende einer Währung: die Flucht aus dieser. Dieses Schicksal wird den Euro wohl nicht so bald, aber dann womöglich überraschend ereilen.

Der Dollar ist immerhin Weltwährung und damit Standard für Schuldner, die in ihrer eigenen Währung nicht genügend Kredit erhalten. So nimmt aktuell trotz grenzenloser Dollarschöpfung im Helikoptermodus die Nachfrage nach Dollar kurzfristig noch eher zu. Irgendwann wird es gewiss zu einer Ablösung der Weltwährung Dollar kommen, denn das nun relativ gestärkte Asien wird nicht ewig diese moderne Form von Tributen zahlen wollen: Umverteilung durch Geldschöpfung von den außeramerikanischen Dollar-Letztempfängern zu den Erstempfängern.

Die Nachfrage nach dem Euro folgt weitgehend der Nachfrage nach Exporten aus der Eurozone. Auch in diesem Bereich, nicht nur bei der Deckung der Euroschulden, spielt Deutschland eine überproportionale Rolle. Allein der Tourismuseinbruch dürfte den Euro unter Druck setzen. Wenn die Geldschöpfung einmal die globale Nachfrage nach Euro relativ zu anderen, ebenfalls aufgeblähten, Währungen übersteigt, wächst das Risiko eines Wechselkurseinbruchs, der zum Selbstläufer werden kann. Die EU[5] wird in einer Interventionsspirale[54] mit Kapitalverkehrskontrollen[55] reagieren, welche die Basis der EU als internationaler Produktionsstandort weiter unterminieren werden.

Keine Kristallkugel kann uns sagen, ob der Euro nächstes Jahr noch bestehen wird. Es ist höchstwahrscheinlich. Der Euro ist eine Weltwährung und ein politisches Projekt, und »Bestehen« ist nicht hinreichend genau definierbar: Dinge können bestehen ohne Relevanz oder Kontinuität. Unabhängig von der Zukunft des Euro sind hohe Euro-Guthaben am Bankkonto oder in Bargeld nicht empfehlenswert.

Der Euro stiftet für manche Identität[4]. Nationale Geldpolitik[20] ist nicht notwendig besser, wenngleich zumindest etwas transparenter. Gewiss könnten Weichwährungsländer ihre Wettbewerbsfähigkeit erhöhen, doch nur zum Preis von Wechselkursschwankungen und der stärkeren Enteignung ihrer Sparer. Über die Reform, Spaltung oder Abschaffung des Euro zu diskutieren, ist sinnlos.

Sinnvoller ist es, die Dynamik einer politischen Währung zu verstehen und die Schlüsse daraus zu ziehen, etwa dass sie sich nicht für langfristigen Ersparnisaufbau[30] eignet. Eine Hyperinflation des Euro ist wenig realistisch, aber als Vertrauenskollaps[40] nie auszuschließen. Dann hätten wir aber wohl schwerwiegendere Probleme ...

Kapitel, die auf dieses verweisen: Kap. 5, 31, 37, 55, 57, 66

24. Haben wir nicht schon genug Wohlstand?

Menschen haben unterschiedliche Ziele. Der Beitrag von Gütern zur Zielerreichung ist daher subjektiv. Wir werden uns nicht einig werden, was das »gute Leben« für jeden einzelnen Menschen sein soll. Wenn wir unsere Mitmenschen aber als autonome Wesen respektieren, sollte es uns nicht schon grundsätzlich als negativ erscheinen, dass sie Mittel finden, um mehr und höhere Ziele mit weniger Aufwand zu erreichen.

Gewiss behagen uns viele Ziele von anderen nicht. Mittel sind aber meist universeller. Eines der universellsten Mittel ist Geld in einer modernen Gesellschaft, die auf Austausch unter Fremden beruht.

Mehr verfügbare Mittel für menschliche Zwecke bedeuten größere Vielfalt. Das Meiste dieser Vielfalt spricht den Einzelnen nicht an, sonst wäre es eben keine Vielfalt. Einiger werden wir uns sein, wenn wir die Grundbedürfnisse betrachten.

Wir sind biologische Systeme, die auf dem komplexen Wechselspiel von Organismen beruhen. Dieses Wechselspiel gerät immer wieder aus dem Lot, und irgendwann endet es. Für Menschen, die ihrer Existenz und ihren Beziehungen zu anderen Sinn geben können, bedeutet dies tragischen Schmerz. Die Natur[49] wertet nicht, sie gibt und nimmt.

Die meisten würden zugestehen, dass ein Grundwohlstand nicht schlecht sein kann, wenn er Menschen erlaubt, ein Leben zu leben, in dem die Lebensfreude dominanter sein kann als dieser tragische Schmerz: Eltern, die ihre Kinder begraben, Krankheiten, die Gesichter entstellen, Unfälle, die lähmen.

Der Irrtum liegt darin, diesen Grundwohlstand als statisch anzusehen, als feste Zuteilung, die womöglich durch Umverteilung[25] erzielt werden kann. Das zeitweilige Heben des Menschen aus dem Sumpf der Natur[49] ist ein dynamischer und riskanter Prozess ständigen Fortschritts[51]. Es ist ein Kampf an vielen Fronten.

Höhere Lebenserwartung ist einer der Hauptindikatoren für Wohlstand. Doch höhere Lebenserwartung bedeutet längere Phasen der Verwundbarkeit im Alter – neue Krankheiten und Unfälle haben nun länger Gelegenheit, uns zuzusetzen. Neue Innovationen bedeuten neue Herausforderungen, die wiederum zu ihrer Bewältigung Innovation[43] erfordern. Stillstand ist so lange bequem, bis einen die Flut der Veränderung wegspült.

Diese Veränderung ist der Welt eigen. Es kann nie genug Mittel geben – nicht um dasselbe Ziel bis zum Überdruss zu erreichen, sondern für die nie endende Vielfalt an Möglichkeiten, als Mensch Ziele zu erreichen und der Existenz Sinn abzuringen. Es kann nie genug Wachstum[50] dieser Art geben, denn wer aufhört zu wachsen, ist tot und hat es nur noch nicht bemerkt.

Kapitel, die auf dieses verweisen: Kap. 22, 40, 43, 46, 49, 50, 65, 66

25. Erfordert die wachsende Ungleichheit mehr Umverteilung?

Die Grenzen der direkten Umverteilung sind schon lange erreicht. Eine schwindende Minderheit der Steuerzahler trägt einen wachsenden Großteil der Steuerlast – und entzieht sich den Hochsteuerstaaten wie Deutschland und Frankreich zunehmend durch Auswanderung[56], Einkommensaufgabe und Kapitalflucht[55].

Dass die EU[5] nicht über einen eigenen Fiskus verfügt, mindert also nur den Schaden, den sie anrichten kann, nicht aber ihren Handlungsspielraum: Der ist in den meisten Nationalstaaten ebenso limitiert, da die Fiskalpolitik weitgehend ausgeschöpft ist.

Doch Fiskalpolitik ist ohnehin überholt. Die moderne Politik hat sich längst über solche Beschränkungen stationären Banditentums hinweggesetzt. Zunächst hatte man Staatsschuld als Vermögenswert erkannt, was in einem Umfeld künstlicher Zinssenkung eine Explosion der Schulden[22] erlaubte. Nationalstaaten sind bei ihrer Verschuldung nun nur noch durch die Markteinschätzung der kumulierten Steuermoral aller ihrer künftigen Bürger[60] beschränkt. Da bislang die Zahl der Lebenden im Vergleich zu den Ungeborenen stets verschwindend gering war, ist der Hebel entsprechend groß.

Die Europäische Union erweitert diesen Spielraum ein wenig, indem sie mit dem Bluff operiert, ein Schuldnerverband sei so stark wie seine stärksten Mitglieder. Die zunächst symbolisch abgelehnten »Eurobonds« gibt es schon lange: Die Europäische Investitionsbank begibt Anleihen[34], die durch ihre Eigentümer – die Nationalstaaten – »besichert« sind.

Doch auch diese Umverteilung von künftigen Steuerzahlern zu heutigen Steuerkonsumenten ist beschränkt. Irgendwann drohen Fortpflanzungsverweigerung und Steuerentziehung auf nationaler Ebene, Konflikte innerhalb von Schuldnerverbänden auf internationaler Ebene und Kaufenthaltung der Märkte für die vermeintlichen Vermögenswerte.

Auch die erweiterte Fiskalpolitik auf Kosten künftiger Generationen ist mittlerweile überholt. Die Geldpolitik[20] ist an ihre Stelle getreten. Doch es ist genau diese Geldpolitik, welche die Ungleichheit erzeugt, die sie nun mindern soll.

Kapitel, die auf dieses verweisen: Kap. 12, 20, 21, 24, 26, 32, 36, 44, 46, 56, 60, 62

26. Wie kann Arbeitslosigkeit bekämpft werden?

Aufgrund der verzerrten Wirtschaftsstruktur sind viele Jobs davon entfernt, Wissensarbeit zu sein, wie es für eine dynamische und innovative Wirtschaft notwendig wäre. Ein wachsender Teil der Jobs besteht fort aufgrund der Trägheit verzerrter Produktionsstrukturen, die oft gar nicht mehr Nettoproduktion, sondern Nettokonsum sind – das heißt, die reale Wertschöpfung ist geringer als die Kosten, insbesondere wenn Opportunitätskosten betrachtet werden. Ein anderer Teil der Jobs dient der Prozesskontrolle und besteht fort aufgrund der Trägheit der technischen Entwicklung in de facto technisch stagnierenden Wirtschaften: erfordert also nur deshalb Menschen, weil noch niemand Anlass und Kompetenz zur Prozessoptimierung hatte.

Solche Arbeitsplätze zu erhalten, das ist so unsinnig, als hätte man einst Dampfmaschinen besteuert, um Kutscher dafür zu bezahlen, ihre Pferde für leere Kutschen zu schinden. Sinnvoller ist das Zulassen nachhaltiger Möglichkeiten der Wertschöpfung. Da viele in Europa in Blasen[18] vor realer Wertschöpfung geschützt sind und die Bildung[44] darauf kaum vorbereitet, kann das Anwachsen von Arbeitslosigkeit nur künstlich verschoben werden, und tritt dann umso drastischer verstärkt zutage.

Viele sind es gewohnt, Jobs als zugewiesene Einkommensquellen zu betrachten, als Erlaubnis des Gehaltsbezugs. Tatsächlich muss jedes Einkommen aus Produktivität kommen, aus dem Einsatz von Tätigkeit in Verbindung mit Kapital zur besseren Befriedigung der Bedürfnisse anderer Menschen.

Umverteilung[25], insbesondere die versteckte – aber gewichtigere – geldpolitische[20] Umverteilung, verschleiert diese Notwendigkeit, hebt sie aber langfristig nicht auf.

Was, wenn die Produktivität plötzlich im eigenen Bereich auf null fällt, weil eine Katastrophe die Produktion unterbricht? Solche Herausforderungen sind eine unausweichliche Lebensbedingung. Der Tod ist gewiss, und davor steht meistens eine immer längere Phase abnehmender Produktivität. Das ist der Grund für Altersvorsorge[32], ergänzt um Unfall- und Krankheitsvorsorge. Der traditionelle Weg dieser Vorsorge ist Sparen: die Umwandlung von Einkommen in Vermögen. Dieser Weg wurde geldpolitisch und fiskalpolitisch so erschwert und bestraft, dass ihn nur noch wenige gehen. Das führt zu erhöhter Umverteilungsabhängigkeit, die irgendwann aufgrund der Demographie in eine Versorgungskatastrophe führen muss.

Einen Vorgeschmack bekommen wir aktuell. Dass immer mehr Menschen von Monatsgehalt zu Monatsgehalt leben und dazu noch negatives Vermögen haben (Schulden[22]), ist Ausweis der schwindenden Nachhaltigkeit des bisherigen Wirtschaftens. Wenn dann plötzlich Einkommen einbrechen durch Arbeitslosigkeit, Verdrängen durch Konkurrenz, unternehmerische Fehlentscheidungen, Krankheit, Altersbeschwerden oder eben eine überraschende Katastrophe, ist die Existenz sofort bedroht.

Die Grundfrage, die sich nun auch angesichts der Pandemie stellt, ist daher: Lässt sich eine solche Versorgungslücke geldpolitisch füllen? Das ist langfristig unmöglich. Die Versorgungslücke ist nämlich durch die Geldpolitik gewachsen. Fiskalpolitik wurde durch Geldpolitik ersetzt. Doch leider ersetzte die Geldpolitik die Fiskalpolitik gerade deshalb, weil erstere schon ausgeschöpft war.

Arbeitslosigkeit ist gewiss eine Katastrophe, weil sie zu Armut und Sinnleere führen kann. Arbeitsplätze sind primär Einkommens- und Sinnquellen. Armut schwindet aber viel eher durch Vergünstigung als durch Einkommenswachstum, und Vergünstigung kommt hauptsächlich aus technischen Durchbrüchen und höherer Arbeitsteilung. Daher ist es gefährlich und kontraproduktiv, technische[46] Entwicklung und internationale Arbeitsteilung zu belasten, um Einkommen zuzuteilen – die Armut würde dadurch wachsen, nicht sinken.

Sinnquellen sind künstlich am Leben gehaltene Arbeitsplätze noch weniger als die ohnehin schon oft sinnleeren Jobs einer verzerrten Wirtschaftsstruktur. Menschen sinnvolle Räume des Wirkens und Schaffens zu bieten und zu lassen, das ist eine große und wichtige Aufgabe. Sie kann durchaus eine gemeinschaftliche Aufgabe sein, eine im besten Sinne politische. Am ehesten werden solche Sinnbezüge lokal sein, sich in Gemeinden[65] finden.

Kapitel, die auf dieses verweisen: Kap. 12, 17, 19, 27, 30, 32, 36, 46

27. Was bedeutet Stagflation und warum droht sie?

Stagflation bezeichnet die Verbindung von höheren Inflationsraten mit stagnierender Wirtschaftsentwicklung. Diese Verbindung ist für die Lehrbuchökonomik ein Paradoxon: Steigende Preise würden sinkende Arbeitslosigkeit[26] bedeuten, da genügend Geldumlauf herrsche.

Diese Deutung ist falsch oder zumindest sehr verkürzt, wie sich die Ökonomen seit den 1970ern eigentlich weitgehend einig sind. Die meisten gehen aber davon aus, dass es Angebotsschocks braucht, um ein solches Paradoxon hervorzubringen.

Tatsächlich ist die Verbindung von Stagnation und Inflation überhaupt nicht paradox. Sie tritt ein, wenn zusätzliche Geldschöpfung nicht mehr auf genügend ungehobene unternehmerische Potenziale trifft, die produktive Verschuldung erlauben. Das muss früher oder später immer der Fall sein, denn Vorfinanzierung von Unternehmungen aus Liquidität[31], die nicht aus Ersparnissen stammt, sondern in Erwartung unternehmerischen Erfolgs aus dem nichts geschöpft wird, führt notwendig zu einer Verschiebung von Ressourcen, die irgendwann die gesamte Wirtschaftsstruktur verzerrt.

Durch die selektive Zuteilung der geschaffenen Liquidität wandert Kaufkraft von den Letztempfängern zu den Erstempfängern. Die Erstempfänger sind besonders kreditwürdige Unternehmen – oft schlicht besonders große, besonders gut vernetzte, besonders geschützte. In einem schleichenden Prozess wandern Produktionsfaktoren durch die relativ erhöhte Kaufkraft zu diesen Unternehmen und damit notwendig weg von kleineren, innovativeren Unternehmen. Nach und nach schwindet die Innovationskraft einer Wirtschaft, es kommt zur Verschwendung knapper Ressourcen in den typischen Selbstbeschäftigungen jener Strukturen, die für das Scheitern »zu groß« sind: Komitees und Meetings, Boni, Bürotürme, PR und CSR, Galaevents mit Politikerreden.

Irgendwann wird es so schwierig, ohne Subvention Profite zu erwirtschaften, dass es nicht einmal mehr bei unendlichem Kreditrahmen zum Nullzins funktioniert. Zombieunternehmen blockieren Ressourcen – Liquidität, Mitarbeiter, Immobilien, Werkzeuge – die für nachhaltigere Wertschöpfung fehlen. Dann kann die Geldpolitik[20] nur noch Wachstum aus dem Hut zaubern, indem sie Staaten höhere Verschuldung erlaubt, mit denen diese dann durch Subventionen nachhelfen. Doch Subventionen schaffen kaum jemals nachhaltige Wertschöpfung. Subventionierte Unternehmen – wie man im Start-up-Bereich gut sieht – bestehen kaum länger als die sie nährenden Subventionen.

Durch immer neue Schuldenproduktion auch Wachstum zu produzieren, das gelang China[58] bislang erstaunlich gut. China – als Blase[18], die niemals platzt – ist also insgeheim das eigentliche Vorbild für die aktuelle europäische Geld- und Wirtschaftspolitik[29]. Doch Europa ist – zum Glück – nicht China. Stagflation ist das wahrscheinlichste Szenario, denn es folgt der Logik einer Interventionsspirale[54]: Schwächelndes Wachstum wird nach immer verzweifelterer Geldpolitik[20] drängen – und deren Erfolg wiederum definiert sich paradoxerweise geradezu durch steigende Inflationsraten.

Kapitel, die auf dieses verweisen: Kap. 6, 21, 34, 36, 40

28. Welche Dynamik schwindet, und ist das schlecht?

In Europa begann jene Selbstbeschleunigung der Entwicklung, die man Innovationsspirale nennen könnte. Am Anfang fallen exponentielle Entwicklungen[11] nicht auf, doch im Rückblick über einen längeren Zeitraum sind sie dramatisch. Mehr als 97 Prozent des gesamten menschlichen Wohlstandes wurden in der kurzen Phase dieser exponentiell beschleunigten Innovation[43] geschaffen.

England und Schottland gingen der Welt voraus in dieser Innovation, doch es dauerte nicht lange, bis andere am europäischen Festland folgten. Auch vor der Industriellen Revolution hatte Europa eine besondere Dichte dynamischer Regionen aufzuweisen. Holland war der Vorläufer der technischen Dynamik durch Kanalbau und Windmühlen und vor England reichste Region der Welt. Die weit entwickelte Wasserkraftindustrialisierung, besonders im Alpenraum, und die alte städtische Kultur[45] rund um das Mittelmeer und an den Fluss- und Straßenknoten waren Vorstufen der Entwicklung, zum Teil mit Kontinuität zu den innovativen Hochkulturen der Antike.

Die Bezeichnung »industrielle Revolution« für die Phase der Dampfkraftindustrialisierung ist also irreführend. Drei Faktoren, von denen keiner neu war, hatten eine Selbstverstärkung in Gang gesetzt, die das Antlitz der Welt im Laufe einer Generation veränderte. Technische Neuerungen, von denen keine einzelne für sich revolutionär war, führten in die S-Kurven[11] einer neuen Trägertechnologie: Selbstbeschleunigung Nummer 1. Die Dampfmaschine erleichterte die Förderung ihrer eigenen Energiequelle: Selbstbeschleunigung

Nummer 2. Ihr Einsatz im Transportwesen verband mehr Menschen, während Großbritannien damals Triebfeder der Globalisierung[52] war. Mehr Verbindungen zwischen mehr Menschen erhöhten die Innovationsgeschwindigkeit weiter: Selbstbeschleunigung Nummer 3.

Seitdem haben wir eine relative nahtlose Ablösung von S-Kurven, bei denen sich technische Kombinationen bis zur Ausschöpfung entfalten, sodass der technische Fortschritt geradlinig und dauerhaft erscheint. Aufgrund der Weiterentwicklung von schriftbasierter Abstraktion hin zu Bau- und Betriebsanleitungen, die immer mehr maschinenlesbar werden, wird Technik[46] immer schneller kopierbar und übertragbar.

Dynamik ist kein Selbstzweck, es bedeutet schlicht rasante Veränderung und nicht jede Veränderung ist gut. Innovation[43] benötigt jedoch eine gewisse Eigendynamik, eben Phasen der Selbstbeschleunigung, denn sonst kann sie bestimmte Hürden nie überwinden und Fortschritt[51] bleibt aus. Leben ohne Fortschritt ist in natürlichen Zyklen des Immergleichen gefangen, die dem menschlichen Potenzial nicht angemessen sind.

Die Technik wird nicht mehr verschwinden, aber ohne Dynamik wird sie nicht innovativer an den Menschen und seine Probleme angepasst, sondern der Mensch an die Technik. Gestaltet der Mensch nicht mehr dynamisch sein Umfeld, so schwindet die Dynamik nicht, der Mensch unterwirft sich dann einer unkontrollierten und zunehmend unkontrollierbaren Dynamik mit immer weniger Nutzen und Sinn.

Kapitel, die auf dieses verweisen: Kap. 2, 6, 11, 22, 44, 45, 49, 51, 56, 57, 58, 61, 66

29. Welche Wirtschaftspolitik führt aus der Krise?

Wirtschaftspolitik führt vor allem in die Krise. Der Begriff entspringt dem merkantilistischen Irrtum, Wirtschaft als nationale Aufgabe zu betrachten. Natürlich hat eine florierende Wirtschaft gewisse Voraussetzungen und entwickelt sich nicht immer und überall spontan. Diese bestehen im Zusammentreffen von günstigen kulturellen[45] Faktoren mit günstigen Voraussetzungen für Warenverkehr oder Produktion. Die wichtigste Voraussetzung aber ist der Verzicht auf Plündern und Zerstörung.

Der Begriff Wirtschaftspolitik lässt an Interventionen[12] und Rezepte denken. Die meisten Interventionen bewirken das Gegenteil ihrer vermeintlichen Absichten – wie wir in der Pandemie[8] lernen könnten, wenn wir wollten. Das liegt vor allem am Anreiz- und Wissensproblem der Politik. Interventionen erfüllen meist ihren unbewussten und unsichtbaren Primärzweck sehr gut: mehr Macht, Geld und Prestige für die Intervenierenden. Es gibt keinerlei Anreize, aus Fehlern zu lernen – oder sie überhaupt zu vermeiden. Diejenigen, die am unduldsamsten Interventionen und Rezepte als alternativlos vertreten, leben in aller Regel in einer Blase[18] und sind unbefleckt von jeder praktischen Erfahrung mit den oft paradoxen Wirkungen zweiter und dritter Ordnung, wie sie für komplexe Systeme typisch sind.

Neue Wertschöpfung entsteht über Innovation[43]. Diese lässt sich nur selten erzwingen. Es ist vielleicht möglich, Innovation über die Entwicklung von Menschen, Werkzeugen, Knotenpunkten und Verbindungswegen zu fördern. Doch die meisten

Investitionen gehen schief. Sich einzubilden, auf nationaler oder gar supranationaler Ebene finanzielle, produktive und menschliche Mittel besser einsetzen zu können, ist meist Selbstüberschätzung. Mit nötiger Bescheidenheit und Lernfähigkeit könnte hier aber der Keim guter Wirtschaftspolitik liegen: Das Experimentieren mit *Rahmenbedingungen der Innovation*. Entscheidend wäre dabei das Beschränken des Schadens durch das für das Lernen nötige Scheitern.

In der Pandemie[8] haben wir aber gesehen, dass Lernen politisch unerwünscht ist. Der Grund dafür ist, dass der Mut fehlt, Fehler einzugestehen. Ahnungslosigkeit wird durch Aktionismus kaschiert. Dabei wird die Politik nicht bescheidener, sondern größenwahnsinniger. Die Spaltung[39] führt dazu, stets nur die Fehler des anderen Lagers im Auge zu haben – wodurch Machterlangung oder -erhalt als Zweck alle Mittel heiligt, denn mit der Vernichtung der politischen Gegner würden auch alle Fehler und damit alle Übel aus der Welt verschwinden.

Gute Wirtschaftspolitik schützt die zarten Triebe möglicher Innovation. *In möglichst vielen, möglichst kleinen Beeten muss gelernt – das bedeutet: gescheitert – werden.* Politisch im besten Sinne wäre die Entwicklung, wenn Lernergebnisse, Ressourcen und Infrastruktur geteilt werden. Das können bessere Verbindungen sein zwischen lokalen Unternehmen, fernen Kontakten, öffentlicher Infrastruktur und Bildungsinstitutionen[44].

Die wichtigste Innovation[43] findet aber stets außerhalb von Institutionen[53] statt, daher ist Innovation auch kaum institutionalisierbar. Gute Wirtschaftspolitik bedeutet wahrscheinlich weniger Wirtschaftspolitik, weniger Verzerrung durch Interventionen und Institutionen, Abbau von Hemmnissen, Schutz von innovativen Experimenten vor dem Todeshauch der Bürokratie. Das wäre nicht bloß passives Laisser-faire, sondern höchste Aktivierung aller schlummernden Potentiale und Kräfte nachhaltiger Wertschöpfung.

Vor allem ist gute Wirtschaftspolitik negativ: Menschen, deren Fehler keine Konsequenzen haben, die nicht lernen können oder wollen, möglichst wenig gesellschaftlichen und wirtschaftlichen Schaden anrichten zu lassen. Das ist auch die ursprüngliche und korrekte Bedeutung des *Laissez faire*: Die mutige Antwort französischer Bürger[60] gegenüber dem merkantilistischen Absolutismus vor der Revolution. Laisser-faire wird meist als passives Nichtstun verstanden. *Laissez faire* hingegen (lasst uns machen!) ist eine aktive Forderung, die das Machen betont. Dieses Machen kann auch politisch sein, sogar wirtschaftspolitisch. Ist der mögliche Schaden dadurch eingegrenzt, dass Experimente niemandem aufgezwungen werden dürfen, dann können wir allerlei Wirtschaftspolitiken zulassen – wenn sie denn wirklich jemand ausprobieren möchte. Vielleicht führen kommunistisches Teilen der Produktionsmittel, Schenkökonomie, Grundeinkommen, Tauschkreise, Kooperativen, Schwundgeld oder Vollgeld zu mehr Innovation, Wohlstand, Gerechtigkeit oder Harmonie. Vielleicht lässt sich Innovation wirklich zentralistisch fördern und institutionalisieren, vielleicht braucht es wirklich nur mehr Bildung und mehr Geld, vielleicht braucht es mehr Innovationsagenturen und Innovationsbeamte, mehr EU-weite Fünfjahrespläne.

Eine solche Wirtschaftspolitik könnte uns tatsächlich aus der Krise führen: Das Aufdröseln von Meinungen, Rezepten und Interventionen in umsetzbare Wagnisse, die kleinteilig in Fonds, Unternehmen, Gemeinden, Initiativen, Programmen, Siedlungen, Sonderzonen, »sand boxes« ausprobiert werden können. Wenn sich auf diese Weise keine genialen wirtschaftspolitischen Wundermittel entdecken lassen, wird doch immerhin der Schaden der Wirtschaftspolitik eingeschränkt. Wo dann die Pflänzlein neuen Wohlstands aufgehen werden, wird mehr glückliche Fügung sein als das Ergebnis eines allwissenden Plans.

Kapitel, die auf dieses verweisen: Kap. 27, 58

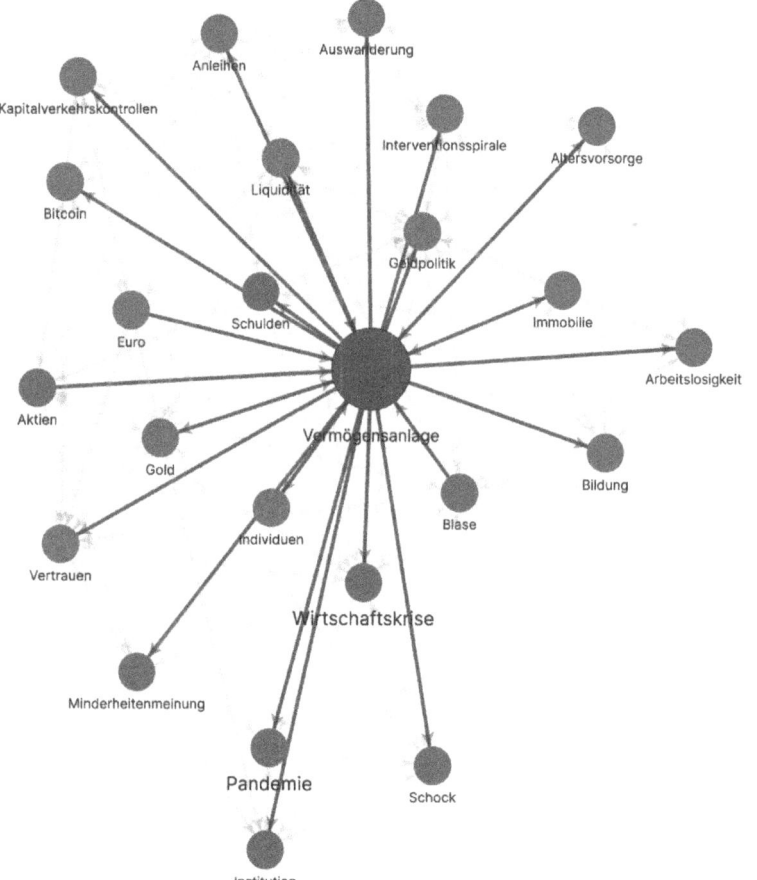

30. Wie kann man krisensicher anlegen?

Sichere Anlage ist unmöglich. Die für den Nominalwert sicherste Anlage sind kurzfristige Staatsanleihen[34] hoher Bonität. Rendite, welche die Geldentwertung kompensiert, gibt es nur mit Risiko. Risikoaverse Sparer sind daher Opfer der Geldpolitik[20].

Marktkorrekturen und Börsenkrachs kann niemand genau vorhersehen. Die Erwartung der Krisenpropheten hat sich zwar im Pandemie[8]-Schock[9] wieder erfüllt, aber zweimal am Tag zeigt auch eine stillstehende Uhr die Zeit richtig an. Viele als Krisenpropheten kritisierte Publizisten haben aber eine andere Stoßrichtung: Sie gießen den unbewussten Eindruck sinkenden Vertrauens[40] in verständliche Erzählungen. Dieser Eindruck ist richtig – dazu muss man kein Untergangsprophet sein.

Der Vertrauensverlust in Institutionen[53] erhöht das Erfordernis der Diversifikation für den Anleger, denn Vertrauenskrisen zeigen überhöhte Volatilität. Es wird noch wichtiger, Klumpenrisiken zu vermeiden. So ist es brandgefährlich, auf »die da oben« zu schimpfen, gleichzeitig aber passiv alles auf »die da oben« zu setzen: Wohnen in der kreditfinanzierten Immobilie[36], Einkommen, das im selben Ort erzielt wird, allfällige »Anlage« am Bankkonto bei der Ortsbank, in Anleihen des eigenen Staates, wenn es hoch kommt, ein paar Aktien – womöglich noch vom Arbeitgeber oder der Hausbank. Und das beschreibt wohl noch die Lage des überdurchschnittlich vermögenden Europäers.

Am Anfang steht die nüchterne Reflexion des eigenen Vermögens. Mangels großer Ersparnisse ist das bei vielen hauptsächlich die eigene Fähigkeit, Einkommen zu erwirtschaften.

Auch hier ist die Passivität vieler Europäer erschütternd. Sie glauben noch immer an die Erzählung, dass Bildung[44] zum Anspruch auf sicheren Arbeitsplatz[26] führe. Diese Illusion ist durch das vergangene Wachstum wertschöpfungsunabhängiger Arbeitsplätze für Akademiker im staatlichen, staatsnahen und geldpolitisch begünstigten Bereich genährt. Gewiss ist Bildung[44] im Sinne höheren analytischen Vermögens im Umgang mit Symbolen in einer entwickelten Wirtschaft immer wichtiger. Doch das ist etwas anderes als das passive Karrieredenken des Weitergereichtwerdens nach Zertifikatsstufe.

Für die meisten Europäer wäre also die wichtigste Vermögensanlage eine in das eigene Vermögen zur Wertschöpfung durch Neugier, Problemlösen und gute Nutzung der vorhandenen Ressourcen. Wenn zu diesen Ressourcen noch nicht Liquidität zählt, dann muss man das Augenmerk auf spezifisches Wissen und Können setzen, auf Kontakte und Zugänge, auf Erfahrungen und höchstpersönliche Kontexte. Die größten Hürden dazu sind psychologisch, der einzige Weg über diese Hürden das tägliche Versuchen und Scheitern beim Aufbau kleiner guter Gewohnheiten: *Fokus auf verfügbare Ressourcen statt Mängel, Fokus auf Lösungen statt Probleme, Fokus auf winzige Verbesserungen statt auf große Pläne, Fokus auf Selbsterkenntnis statt Aufmerksamkeit für Fernes und Irrelevantes.*

Bleibt Einkommen übrig oder gibt es Erbschaften, so ist es leichtsinnig, mehr als 100.000 Euro auf einem Bankkonto zu halten: Nullzins bei einem Risiko weit über null. Es ist überdies leichtsinnig, die gesamte Liquidität in einem Asset, einer Institution, einer Jurisdiktion, einer Währung zu halten.

Neben der üblichen globalen Diversifikation ist aufgrund der Interventionsspirale[54] bei gleichzeitig sinkendem Vertrauen[40] eine weitere Diversifikation nötig: die zum Erhalt der Mobilität des eigenen Kapitals und der eigenen Person.

Für junge Menschen, die Einkommen erst aufbauen wollen, ohne sich von Klumpenrisiken abhängig zu machen, ist heute oft die Auswanderung[56] die rationalste Entscheidung. Das mag hart klingen. Gegen eine Verbundenheit zu einer Heimat ist nichts einzuwenden. Doch das darf keine Angebundenheit sein. Oft hilft der Heimat mehr, wer anderswo sein Glück sucht, um dann wirklich etwas zurückgeben zu können. Man muss ja nicht für das gesamte Leben den Heimatort verlassen. Europa ist ein hervorragender Platz für den Lebensabend, wenn man auf Einkommen nicht mehr angewiesen ist und der Fokus auf dem Konsum liegt. Für den Vermögensaufbau sind weite Teile Europas Fallen niedriger sozialer Mobilität, in denen man nicht nachhaltige Pensionssysteme finanzieren muss, ohne Aussicht auf Altersvorsorge[32] unabhängig von den eigenen Ersparnissen zu haben – die aber Vermögensaufbau und -anlage voraussetzen. Wer ohne Aussicht auf größeres Erbe in Abhängigkeit von Nettoeinkommen lebt, steuert in weiten Teilen Europas der Altersarmut entgegen. Wer seine Heimat wirklich schätzt, wird ihr nicht bloß zur Last fallen wollen.

Wer es dennoch geschafft hat, gegen den Trend Ersparnisse aufzubauen, sollte zuerst Abhängigkeit reduzieren durch Abbezahlen aller Schulden[22]. Die Zinsen sind zwar niedrig und werden nicht so bald steigen. Doch die Mobilität ist in jeder Hinsicht eingeschränkt und damit auch die Resilienz[64] im Umgang mit Wirtschaftskrisen[17] und Schocks.[9]

Bleibt dann noch immer Liquidität[31] wird es immer wichtiger, so zu diversifizieren, dass die Ersparnisse nicht eines Tages festsitzen und den von ihnen Abhängigen fesseln. Dieser Tag ist gekommen, wenn Kapitalverkehrskontrollen[55] Überhand nehmen. Die dadurch nötige Diversifikation ist eine legale: unterschiedliche Rechtsformen in unterschiedlichen Jurisdiktionen, Konten bei unterschiedlichen Banken, Fintechs, Brokern, mit unterschiedlichen »Compliance«-Erfordernissen, Entwicklung von Unternehmensstrukturen und Wertschöpfungsprozessen in Richtung Jurisdiktionsunabhängigkeit. Insbesondere zwei Anlagegüter sind auf den Fall verschärfter Kapitalverkehrskontrollen ausgelegt: Gold[35] und Bitcoin[37]. Langfristige Anleger, die für Europa und seine Institutionen kurz- und mittelfristig nicht allzu optimistisch sind, sollten diese Anlagegüter dem Portfolio beimengen. Da insbesondere im deutschsprachigen Raum Gold ohnehin hoch im Kurs bei Menschen mit Minderheitenmeinungen[38] ist, lässt sich die Empfehlung wohl abkürzen auf: Kauft Bitcoin[37]!

Kapitel, die auf dieses verweisen: Kap. 18, 23, 31, 32, 33, 34, 35, 36, 64

31. Was bedeutet Liquidität?

Liquidität ist die Eigenschaft jener Güter, die wir schnell und ohne große Verluste gegen andere eintauschen können. Die höchste Liquidität hat Geld. Doch so einfach ist es heute nicht mehr: Geld liegt in unterschiedlichsten Formen vor, welche unterschiedliche Zweifel an ihrer Liquidität nähren. Euro[23] laufen um als Bargeld, Bankguthaben, Nominale von Anleihen[34] und in all jenen komplexeren Formen, die Menschen als liquide betrachten und behandeln. Normalerweise werten wir all diese Formen als ähnlich liquide, doch manchmal erweisen sie sich plötzlich als völlig illiquide: Geldscheine können für ungültig erklärt werden, Banken können insolvent werden, Anleihenkurse können einbrechen.

Die Mehrheit der wenigen verbliebenen Sparer ist zur Vermögensanlage[30] wider Willen genötigt, weil sie Liquiditätszweifel hat – etwa am Sparbuch. Die Altersvorsorge[32] könnte sich in der Tat als illiquide erweisen, weil wir länger leben als die Bank oder weil Entwertung, Steuern und Gebühren wenig Kaufkraft hinterlassen haben. Liquiditätssicherung wird so für den Sparer zu einer wichtigen Aufgabe, um die er sich aktiv kümmern muss.

Liquidität ist allerdings mehr als bloß Rendite, denn die Entwertung ist nur eine Herausforderung von vielen. Ersparnisse können langfristig illiquide werden, weil wir sie nicht mehr für unsere Zwecke nutzen können, etwa durch Kapitalverkehrskontrollen[55]. Liquidität ist so durchaus Ausdruck individueller Autonomie und Teil der Freiheit[48]. Liquidität ist die Freiheit, die Kraft der arbeitsteiligen Gesellschaft für unsere Zwecke nutzen zu können – eine Kraft, ohne die wir kaum lebensfähig wären.

Liquiditätssicherung ist der Versuch, möglichst unbeschadet von politischen Interventionsspiralen[54] zu bleiben. Das erfordert ein Portfolio der Streuung, nicht zur Erhöhung der Renditen bei gleichem Risiko, sondern um in möglichst vielen Szenarien eine minimale Liquidität zu bewahren.

Liquiditätssicherung ist realistische Krisenvorsorge: Nicht bloß ein gepackter Fluchtrucksack und eine versteckte Notration, sondern möglichst viele Mittel, die sich gegen ein Fluchtticket und Notversorgung tauschen lassen. Hunger bedeutet auch in Krisen- und Kriegsgebieten heute selten, dass die Lebensmittel gar nicht vorhanden sind, sondern meist, dass die eigene Lebensgrundlage – das geschwundene Einkommen und die geschwundenen Ersparnisse – die steigenden Preise nicht mehr bezahlen können.

Liquidität bedeutet möglichst viele verschiedene, möglichst weit akzeptierte Tauschmittel und Zugänge zum Tausch: Guthaben an vielen Stellen und Einkommen von vielen Quellen, Devisen, Gold[35], Silber, Bitcoin[37], Freundschaften, erwiesene Gefälligkeiten, Standorte, Pässe, Erlaubnisse.

Kapitel, die auf dieses verweisen: Kap. 12, 17, 18, 20, 27, 30, 33, 34, 35, 36

32. Wie kann die Altersversorgung gesichert werden?

Die Altersvorsorge ist in Westeuropa immer mehr eine Altersversorgung: Alter wird wie eine teure Krankheit behandelt, die kollektive Anstrengungen benötigt, um den betroffenen Individuen ein erträgliches Leben zu ermöglichen.

Gewiss wird Erwerbseinkommen mit steigendem Alter schwieriger. Doch die Biologie sollte eigentlich an Bedeutung verlieren, je weniger die Produktion durch körperliche Anstrengung bestimmt wird. Zudem ist es ein Grunderfordernis des Lebens, Erwerbseinkommen in Vermögen[30] umzuwandeln, um dann im Alter arbeitsunabhängiges Einkommen zu beziehen. Die zunehmende Abhängigkeit von Umverteilung[25] im Alter kann also keine biologischen oder wirtschaftlichen Gründe haben.

Umverteilung[25] zur Altersversorgung – das Umlageverfahren – hat zwei historische Wurzeln: Erstens erforderte die politische Zentralisierung des deutschen Kulturraums besondere Anstrengungen, da dieser durch den Wettbewerb kleinräumiger politischer Strukturen gekennzeichnet war. Hegel gab die idealistische Losung vor, der Zentralstaat[62] müsse die »Liebe« aufbieten, um die Solidarität der kleinen Gemeinschaften, die er zerstörte, zu ersetzen – sonst könne es nämlich keine »Freiheit«[48] geben. Bismarck setzte dies in die Praxis um, indem er den Zentralstaat zum Wohlfahrtsstaat machte. Dazu gehört das Umlageverfahren, das einst nur Alten, die ihre Familien- und Gemeinschaftsbande verloren hatten, eine staatliche Ersatzfamilie bot, die familiäre Liebe und Treue gegenüber dem neuen Ernährer einforderte.

Die zweite Wurzel bilden die Vermögensvernichtung in den Weltkriegen und die Hyperinflationen des letzten Jahrhunderts. Eine Generation war um ihre Ersparnisse gebracht wurden, da schien es in der Nachkriegsnot geboten, die im Frieden aufblühende Produktivität direkt zur Versorgung der Alten zu nutzen – legitimiert durch den Mythos der Trümmerfrauen.

Durch die Umlageverfahren wurde gewiss echte Bedürftigkeit gemildert, doch die paradoxe Wirkung der Bedürfnisorientierung nahm ihren Lauf: Die Zahl der Bedürftigen wuchs und wuchs. Heute hängt ein großer Teil der Bevölkerung während der Hälfte des Lebens (oder mehr) von Zuteilungen ab. Deutschland und Österreich sind mittlerweile besonders extreme Fälle, in denen durch demographischen Wandel, gesinnungsethischen Wahn und traditionellen Etatismus eine schwindende Minderheit von Steuerzahlern eine wachsende Mehrheit von Steuerempfängern finanziert.

Neben diesen Blinden steht jeder Einäugige relativ gut da, so auch die Schweiz. Nicht die leicht höhere Fertilität, nicht das stärkere Gewicht von zweiter und dritter Säule fallen besonders ins Gewicht, sondern vor allem die relative Attraktivität für Hochproduktive. Das schlichte Köpfezählen vernebelt den Blick auf die Problematik der Altersvorsorge. Viele halten die Kinderlosigkeit für das Kernproblem und sehen daher Zuwanderung als letzte Rettung des Umlageverfahrens. Viele Reformer feilschen darum, das Pensionsalter um eine paar Jahre anzuheben. Wirklich relevant ist im Umlageverfahren aber allein die relative Produktivität der Einzahler im Vergleich zu den Ansprüchen und dem Anspruchsdenken der Empfänger.

Der demographische Wandel wird am stärksten durch Opportunitätskosten getrieben, wachsende Möglichkeiten der

Selbstverwirklichung, aber auch Wertschöpfung, und ist daher primär ein Indikator für Wohlstand. Sekundär leider auch für Kapitalkonsum und Wohlstandsillusion. Doch dieser Wandel müsste keine dramatische Zunahme der Altersarmut bedeuten. Erst das Umlageverfahren schafft die Bedürftigkeit, die es eigentlich zu mildern vorgibt.

Für die Schieflage zwischen Einzahlern und Empfängern ist die Überalterung gar nicht die bedeutendste Ursache. Primär wird das Problem durch die absurde Geisteshaltung geschaffen, die Zwangsumverteilung und Zwangsbeschulung erzeugt haben – beides Instrumente des totalitären Nationalismus. Nach dieser Geisteshaltung sei das Leben in drei sauber getrennte Phasen geteilt: Eine Phase überwiegend steuerfinanzierter »Bildung«[44], eine Phase des steuerbelasteten »Arbeitsplatzes« und eine Phase des überwiegend steuerfinanzierten »Ruhestands«. Die Einzahlungen in ein Umlageverfahren sind nämlich de facto Steuern, die Auszahlungen de facto Transfers, auch wenn meist der falsche Ausdruck »Versicherung« zur Legitimierung herangezogen wird.

Obige Geisteshaltung ist völlig gegen die menschliche Natur und ökonomische Vernunft. Die größten Bildungsmittel werden konzentriert, wenn wir am wenigsten dafür aufnahmebereit sind, in der Phase des Aufbegehrens und Ausprobierens. Der Arbeitsplatz[26] soll den größten Teil der Steuerlast tragen, was Immobilität und Arbeitsintensität massiv gegenüber globaler[52] Mobilität[56], Kapitalintensität und technischer[46] Automatisierung bestraft. Der Ruhestand schließlich schiebt Menschen genau dann zum alten Eisen, wenn ihr Erfahrungsschatz am größten ist. Doch damit hat der Wahnsinn leider kein Ende: Die Problematik wird politisch noch mehrfach potenziert, kurz bevor die bevölkerungsstarken Babyboomer in den Ruhestand überführt werden und das Umlageverfahren endgültig in die Schieflage bringen.

Erstens führt die Nullzinspolitik[20] dazu, dass Einkommen aus der Veranlagung, die im Alter schwindendes Erwerbseinkommen kompensieren können, schwinden. Zwar kann eigenverantwortliche Anlage, die etwa ein simples permanentes Portfolio regelmäßig renormiert, auch im Nullzinsumfeld noch die Sparerenteignung kompensieren. Doch genau diese Eigenverantwortung und die Spareigung werden den Menschen durch Umlageverfahren und Nullzinspolitik systematisch abgewöhnt. Die verzerrten Märkte ähneln Pyramidenspielen, welche genau dann, wenn die erste Säule wackelt, auch die zweite und dritte ins Wanken bringen.

Zusammengefasst: So ziemlich alles, was die meisten Westeuropäer über Bildung, Arbeit und Ruhestand zu wissen glauben, ist falsch. In einer dynamischen Welt zählen sie statisch Beitragsjahre zusammen. Daraus wird dann ein Anspruch abgeleitet, als könne man sich Alterseinkommen einfach »ersitzen«. Die steuerliche Arbeitsbelastung und der vermeintliche Angestelltenschutz bestrafen die am wenigsten Mobilen, Flexiblen und Produktiven und drängen Alte aus dem Arbeitsmarkt, während ihre Ersparnisse geldpolitisch[20] unter Druck stehen.

Ohne Umlageverfahren und andere politische Verzerrungen und Täuschungen wäre Alter kein kollektives Problem, sondern für die meisten eine goldene Lebensphase der unternehmerischen Nutzung von Erfahrung, der Muße für Bildung[44], der Liebe für Enkel, des Erlebens von Gemeinschaft[65]. Das Umlageverfahren legitimiert sich als Kinderersatz, dabei bewirkt es genau das Gegenteil: Die Alten werden in die Rolle von Kindern, abhängigen Bittstellern gedrängt. Wenn die potenziellen

Einzahler dann schwinden, weil sie nicht mehr geboren werden, nicht mehr in die vorhandene Kapitalstruktur passen oder abwandern, wird die wahre Bedürftigkeit der Altersversorgung offenbart werden.

Kapitel, die auf dieses verweisen: Kap. 26, 30, 31, 34

Dieses Kapitel beruht auf einem Artikel, der in »Finanz und Wirtschaft« erschienen ist.

33. Sind Aktien noch eine gute Anlage?

Bei der Anlage, wie bei Wahlen, spricht für viele Vermögenswerte hauptsächlich, dass die Alternativen noch schlechter scheinen. Die Aktienkurse scheinen schwindende Gewinnaussichten nicht mehr zu reflektieren – tatsächlich treibt die Nullzinspolitik zu immer höheren Kurs-Gewinn-Verhältnissen.

Man kommt zum paradoxen Schluss, dass es heute als eine der konservativsten Anlagen gelten kann, Beteiligungen an Hochtechnologiefirmen zu halten. Diese Anlagen entwickeln sich zu Selbstläufern – Rekordunternehmenswerte von über einer Billion Dollar (1000 amerikanische *billions* – Milliarden) werden erreicht. Damit ist ein einzelnes amerikanisches Unternehmen so viel wert wie alle Unternehmen des deutschen Leitindex zusammen.

Es gibt eben auch Netzwerkeffekte der Anlage. Durch die Zunahme des passiven Investierens kommt es zur Selbstverstärkung. Die besten Titel schaffen es in die immer engeren Filterblasen[18] der Anleger. Mit ihrer globalen Markenpräsenz sind die Hochtechnologiekonzerne unübersehbar.

In einer Zeit ungebremster Geldschöpfung profitieren prozyklische Aktien: Alle kaufen, was alle anderen auch kaufen. Da Aktien einzelner Titel, zu denen die Masse der Anleger konvergiert, knapper sind als die Geldmengen, steigen die Kurse. Lukrative Papiere erreichen dann höchste Liquidität[31]. Ab diesem Punkt dürfte man die Spitzenaktien nicht mehr bloß als Dividendentitel betrachten. Sie scheinen als krisensichere Investition sogar den Index-ETF zu schlagen.

Internationale Spitzenaktien erscheinen als Renditebringer, wie Indexfonds werden sie aber genährt von der Flucht der

Sparer nach der Euthanasie des »Sparbuchs«. Damit wird die Vermögensanlage[30] zum unmöglichen Paradoxon: Grundverschiedene Zwecke mit grundverschiedenen Risikopräferenzen wie Investieren, Horten, Spekulieren – sogar Konsumieren – werden künstlich vermengt. Anleihen[34] ersetzen Bankguthaben, und Aktien ersetzen Anleihen[34].

Dieser Prozess führt bei Menschen mit Minderheitenmeinungen[38] zum Vertrauensverlust[40] in klassische Vermögensanlage und zum Ausstieg in die Misstrauenswerte Gold[35] und Bitcoin[37]. Größere Gewissheit bietet die Perspektive der Mehrheit derjenigen, die etwas Ahnung von Anlage haben: nämlich dass kein Weg an Aktien, zumindest Index-ETF, vorbeiführt.

An der Mehrheit der Europäer ging diese Perspektive bislang vorbei, wohl weil sie in der Blase[18] leben, dass sie die Verantwortung für ihre Ersparnisse an andere – Politiker, Bankiers und Zentralbanken – auslagern können. Ob diese Blase eher platzt oder doch die Börsenblase, ist leider noch ungewiss.

Die meisten Europäer halten jedenfalls zu wenige Aktien, was im Rückblick auf die historischen Daten bedeutet, dass sie die Entwertung der Ersparnisse härter traf als Anleger mit mehr Faible für Aktien. Da die Einzeltitelauswahl und das aktive Trading den meisten misslingen, ist die sicherste Empfehlung, Index-ETF zu kaufen und zu halten.

Das ändert sich auch durch eine Wirtschaftskrise[17] nicht – allein die Psychologie kommt in die Quere: Verunsicherung führt zum Verkauf statt Zukauf. Auch wenn sich viele Aktien-Anfänger nun wieder die Finger verbrannt haben, krankt Europa weniger an Aktienblasen als an einem Mangel an Aktienkultur: sowohl zur Finanzierung von Unternehmen als auch zur Anlage.

Gewiss hat der Index-ETF als Massenanlage absurde Züge, aber diese Absurdität ist eben der Geldpolitik[20] geschuldet, nicht dem Aktienmarkt. Im Vergleich zu Anleihen[34] in der Nullzinsfalle sind Aktien noch lange nicht überbewertet. Am wichtigsten ist bei der Aktienanlage die breite Streuung und das Vermeiden der Anfängerfehler, auf Zeitpunkte, Prognosen, Aktientipps, Branchen, strukturierte Produkte – oder Bankempfehlungen zu setzen. Aktien sind als Teil des Gesamtvermögens Renditebringer mit hoher Volatilität, welche allerdings eiserne Nerven erfordert.

Kapitel, die auf dieses verweisen: Kap. 17, 18, 22, 35, 55

34. Sind Staatsanleihen eine sichere Anlage?

Anleihen von Staaten höchster Bonität sind die liquideste Form staatlichen Geldes. Sie haben die Rolle von Gold[35] als Hauptaktivum in den Zentralbankbilanzen übernommen. Als Form der Vermögensanlage[30] bringen sie zwar keine Zinserträge mehr, aber Wertsteigerung im Falle sinkender Zinsen und Flucht in die Liquidität[31]. Sie unterliegen keinem Bankenrisiko, sondern nur dem Risiko, dass die Bonitätseinschätzung des jeweiligen Staates völlig falsch war.

Bonität bedeutet der Vergleich zwischen einerseits der langfristigen Möglichkeit von Steuereinahmen durch Steuermoral und Produktivität, und andererseits der nötigen Verzinsung, um neue Anleihen am Markt verkaufen zu können.

Staaten[62] dürfen noch nicht direkt auf die Geldschöpfung der Zentralbank zurückgreifen und müssen ihre Schulden[22] daher über Anleihen finanzieren. Indirekt erlaubt die Geldpolitik[20] allerdings schon lange eine versteckte Subvention staatlicher Schulden, indem Zentralbanken zu einem Reservekäufer für Staatsanleihen wurden.

Könnten Staatsanleihen wertlos werden? Nur im Falle der Insolvenz eines Staates. Diese erfolgt realistischerweise nur, wenn die Verschuldung hauptsächlich im Ausland zu höheren Zinsen erfolgt ist und die Schuldenspirale und damit Zinsspirale nicht durch eine Steuerspirale finanziert werden kann, weil sich aus der heimischen Wirtschaft nicht mehr Steuern herauspressen lassen. Wenn sich Staaten höchster Bonität praktisch zinsfrei finanzieren können und die Verschuldung politisch unbegrenzt ist, sind die Forderungen der MMT[21] eigentlich schon zum Teil umgesetzt. Geld ist dann nichts anderes als eine zentrale Datenbank von beliebig vermehrbaren Zahlenwerten – eine merkwürdige Spiegelung von Bitcoin[37], das eine dezentrale Datenbank von algorithmisch beschränkten Zahlenwerten ist.

Staatsanleihen sind ursprünglich Anteilsscheine an späteren Steuererlösen des Staates. Damit haben sie den moralischen Makel, dass die Anleihenkäufer in steigende Steuerlast investieren. Bei Nullzins und Entwertung sind jedoch steigende Steuern nicht mehr nötig. Es wird einfach umgeschuldet zu immer niedrigerem Zins – heute schon längst zu negativem Realzins. Ein Ende würde das nur finden, wenn Anleihen in höherem Maße abgestoßen als erworben würden – und der Zentralbank politisch verboten würde, den Angebotsüberhang aufzukaufen durch direkte Geldschöpfung.

Das klingt heute unrealistisch, ist aber nicht für immer auszuschließen. Die nötigen Interventionen zum Auffangen von Staatseinleihen bei wachsendem Vertrauensverlust[40] in gewisse Staaten würden schnell in eine rasante Interventionsspirale[54] führen. Dann kann die Zahlungsunfähigkeit schneller da sein, als der politische Prozess Schritt halten kann.

Schulden[22] haben schon heute nicht mehr die Funktion, in spätere Produktivität – etwa über Infrastruktur – zu investieren, sondern mit den exponentiell wachsenden Verpflichtungen Schritt zu halten. Nach und nach scheiden die geburtenstarken Jahrgänge aus dem Erwerbsleben, das Umlageverfahren im Pensionssystem[32] wird dann nur durch steigende Schulden[22] zu halten sein. Eine Erhöhung der Pensionsbeiträge für Jüngere scheint ausgeschlossen, denn diese Beiträge führen schon heute mehr Selbständige in die Insolvenz als die Steuerlast. Eine wachsende Produktivität neu hinzukommender Erwerbstätiger ist völlig unrealistisch: Die starken Trends im Bildungssystem weg von Berufsausbildung und MINT-Fächern sowie die Zuwanderung von Netto-Steuerempfängern und Auswanderung[56] von Netto-Steuerzahlern schließen das weitgehend aus – abgesehen von nicht vorhersehbaren Wundern der Innovation[43]. Mit stärkerem Kaufkraftverlust in der Stagflation[27] werden Staatsanleihen immer negativere Realzinsen zeigen.

Kapitel, die auf dieses verweisen: Kap. 12, 22, 25, 30, 31, 33, 55

35. Ist Gold nicht ein barbarisches Relikt?

Ja, Gold ist ein Relikt: In der Menschheitsgeschichte wurde es in fast allen Kulturen und zu fast allen Zeiten als ein Gut behandelt, das sich in merkwürdiger Weise von anderen unterscheidet. Von Gold konnten die Menschen nicht genug bekommen. Das scheint gegen das Gold zu sprechen, es scheint einen ungesunden Bann auszuüben. Doch es gibt eine einfachere ökonomische Erklärung: Güter, die wir lieber behalten, eignen sich für Geldfunktionen, und Güter, die sich für Geldfunktionen eignen, behalten wir lieber. Die wichtigste Geldfunktion ist der indirekte Tausch – und die lange Nutzung von Gold dafür hat dazu geführt, dass die gehaltenen und gehorteten Goldbestände sehr viel größer als die jährliche Fördermenge sind, sodass Veränderungen des Angebots wenig Auswirkung auf den Preis haben. Das ist einer der Gründe, warum Gold als besonders stabil gilt – Stefan Zweig schrieb vom »goldenen Zeitalter der Sicherheit« in der *Welt von Gestern* der k.u.k.-Monarchie unter dem Goldstandard. Stabilität, vor allem Preisstabilität, ist jedoch eine Illusion, wie sich mit dem plötzlichen Ende jener alten Welt zeigte. Entweder die Veränderung erfolgt aktiv über Innovation[43] oder passiv durch Schocks[9].

Gold ist barbarisch, weil es als Zahlungsmittel durch physischen Übertrag schuldbefreiend ist – es hat damit nicht die Dehnbarkeit und Bequemlichkeit digitaler Kredit- und Zeichengelder der Moderne. Kreditgeld ist die Betrachtung von Schuldenständen als übertragbare Titel, Zeichengeld ist die Betrachtung von bloßen Symbolen oder Datenbankeinträgen als Zahlungsmittel. Beides erfordert relativ großes Vertrauen[40], weshalb Gold als ein Geldgut angesehen werden kann, das weniger Vertrauen nötig hat. Es wirkt auch deshalb als barbarisches Relikt, weil man es als Misstrauensgeld ansehen kann – daher die Assoziation von Gold als Krisengeld.

Vertrauen ist schön, Misstrauen ist unschön – doch Vertrauen muss man sich verdienen, und ist es einmal ruiniert, baut man es nicht wieder auf, indem man es wütend einfordert.

Vertrauen lässt sich nicht per Zwang verordnen, das vergrößert das Misstrauen noch weiter bis zum Misstrauensschock, der Institutionen[53] kollabieren lässt.

Gold wird ökonomisch und politisch oft angefeindet, weil es eben Symptom des Misstrauens in Institutionen[53] sein kann. Doch das ist »shooting the messenger« – Symptombekämpfung. Goldverbote als Teil der Kapitalverkehrskontrollen[55] spielen dabei eine prominente Rolle. Gold ist eine Möglichkeit, Liquidität[31] außerhalb von Institutionen zu halten und zwar ohne Erlaubnis, Lizenz oder Zertifikat. Dieses Halten ist relativ zeit- und ortsunabhängig: Gold verdirbt nie, es lässt sich ohne Beschädigung für endlos lange Zeiten vergraben und eignet sich durch seine hohe Wertdichte für den Schmuggel. Nur Diamanten und Bitcoin[37] sind besser dafür geeignet, und Diamanten sind nicht liquide genug. Gold ist als Raubgold verrufen, doch hat es das Leben unzähliger Verfolgter gerettet – nicht zuletzt im Europa des 20. Jahrhunderts.

Gold ist der Krisenanteil im Portfolio der Vermögensanlage[30]. Natürlich bietet es keine sichere Rendite, meistens sind Aktien[33] ein besserer Schutz gegen Entwertung – sofern nicht Einzeltitel, sondern möglichst breite und kostengünstige Index-ETF gewählt werden. Ein Rebalancieren mit Gold verbessert allerdings das Risiko-Rendite-Verhältnis beträchtlich. Außerdem blicken wir bei Aktien[33] in der Regel auf die Nachkriegszeit, die in den glücklichen Ländern der US[57]-Allianz eine durchgehende Ausweitung der Geldmenge mit entsprechendem Anwachsen der Vermögenswerte bedeutete. Zwar gab es einige Korrekturen, doch langfristig konnte ein Anleger, der nicht aus Selbstüberschätzung stets durch Timing und Trading alles verspielte, nur gewinnen.

Die Zukunft ist offen, und wenn das Vertrauen[40] so weit sinkt, den globalen[52] Austausch hinreichend zu reduzieren, dürfte Gold eine nötige Rückversicherung darstellen. Wenn Gold Aktien schlägt, sind das keine guten Zeiten. Daran sind aber nicht Gold oder Goldanleger schuld. Als nach wie vor wichtiger Teil der Zentralbankbilanzen ist es gar nicht so barbarisch wie es scheint. Einige Länder bauen sukzessive ihre Goldbestände aus, es sind vor allem jene, deren Vertrauen in die US[57]-geführte Nachkriegsordnung, die Pax Americana, sinkt. Das sind nicht die besten Länder, denn diese Ordnung war für ihre Nutznießer eine gesegnete Zeit. Bei allem Zynismus der Macht, den auch die Amerikaner bewiesen, werden die Alternativen nicht besser sein. Vor allem der Übergang zu einer multipolaren Ordnung ist holprig. Gold wird – bedauerlicherweise – wieder an Bedeutung gewinnen, ist demnach aber auch zusammen mit Bargeld und Bitcoin[37] naheliegender Störfaktor für die Geldpolitik[20] und damit potentielles Ziel von Kapitalverkehrskontrollen[55].

Kapitel, die auf dieses verweisen: Kap. 17, 30, 31, 33, 34

36. Sind Immobilien eine sichere Anlage?

Immobilien sind – nicht nur in Europa – eine der beliebtesten Anlageklassen. Das liegt wohl daran, dass Wohnraum ein Gut ist, das jeder braucht und kennt. Zudem ist Wohnraum wesentlich knapper als die Geldmenge[20], wodurch Immobilien von der Vermögenswertinflation profitieren: der nominalen Wertsteigerung aller hinreichend knappen und gefragten Anlagegüter. Die hohe Regulierungsdichte in Europa verstärkt zusätzlich durch Widmungen und Bauordnungen die Knappheit von Immobilien in bestimmten Lagen.

Immobilienanlage war deshalb überaus lukrativ. Das fast pausenlose Steigen der Nominalwerte lässt es als gute Anlage erscheinen, die selbst bewohnte Immobilie durch Kredit zu finanzieren. Begünstigt wird dies dadurch, dass Banken Hypothekarkredite als relativ risikolos einschätzen. Doch mit Vermögensanlage[30] hat dieses typische Verhalten so gut wie nichts zu tun. Die Kreditfinanzierung des Eigenheims ist vorgezogener Konsum und damit das Gegenteil von Anlage. Die steigenden Nominalwerte ändern daran nichts.

Konsum vorzuziehen ist nicht an sich schlecht. Schlecht ist die Verzerrung der Wirtschaftsstruktur durch die geldpolitische Begünstigung des Konsums. Noch schlechter ist die psychologische Folge der hohen Kreditbelastung: Die Abhängigkeit von einem stabilen Arbeitsplatz[26] mit gleichbleibendem oder steigendem Nominaleinkommen. Diese Abhängigkeit ist der Hauptgrund für wachsende Feigheit und Mitläufertum, für Fortschrittsangst[51] und passive Anspruchshaltung.

Immobilien als Anlage sind allerdings seit dem Zweiten Weltkrieg der leichteste und direkteste Weg zu selbsterwirtschaftetem Reichtum. Dank sinkender Zinsen und steigender Wohnnachfrage bei steigenden Einkommen konnten Kreditraten bisher leicht mit Mieterträgen zurückgezahlt werden – sodass die Bank ein wachsendes Immobilienportfolio finanzierte. Je risikofreudiger der Immobilieninvestor den Kredithebel einsetzte, desto schneller der Reichtumsaufbau.

Immobilienpreise werden bei steigender Geldmenge in der Nullzinsfalle wohl weiter steigen. Doch die Erträge werden bei steigender Arbeitslosigkeit[26] in der Stagflation[27] ungewisser. Das wird Banken belasten – die steigende Volatilität könnte Bankenkrisen nach sich ziehen, was wiederum die Volatilität der Immobilienpreise noch weiter erhöht. Die Zeiten stabilen Anstiegs sind wohl vorbei. Die Leerstände werden zunehmen, was angesichts von Wohnraummangel zu politischen Interventionen führen wird.

Die Immobilienbonanza wird schließlich enden, wenn die Politik in ihrer Interventionsspirale[54] auf die letzten immobilen Vermögen zugreift. Schwinden immobile Arbeitsplätze, welche wesentliche Steuergrundlage für den Umverteilungsstaat[25] sind, so ist eine Belastung von Immobilien wohl unausweichlich – sei es nur als Symptompolitik gegen steigende Ungleichheit.

Das Wachstum der Ungleichheit ist gewiss. Vermögende mit weiter wachsenden Portfolios teils leerstehender Luxusimmobilien mit explodierenden Fantasiepreisen stehen einer wachsenden Zahl von Umverteilungsabhängigen[25] gegenüber. Eine steigende Belastung der Immobilien wird aber vor allem den Mittelstand treffen, denn ein großer Teil des vermeintlichen

Anlagevermögens ist eben immobil und dadurch illiquide[31]. Deshalb ist dringend abzuraten, das gesamte Vermögen in diese eine Anlageklasse zu stecken – und sie dann nicht einmal zu bewirtschaften, was Unternehmertum erfordern würde statt Vorauskonsum.

Kapitel, die auf dieses verweisen: Kap. 17, 30, 60

37. Was hat Bitcoin mit dem Zustand Europas zu tun?

Bitcoin ist eine verteilte digitale Datenbank, in die Zahlenwerte nur in einem energieaufwändigen Prozess hinzugefügt werden können. Diese Zahlenwerte sind auf eine maximale Gesamtsumme von 21 Millionen begrenzt. Diese beiden Beschränkungen sind im Programmiercode enthalten, der ebenso verteilt ist, und durch kryptographischen Vergleich mit seinen Kopien ebenso manipulationsresistent ist wie die Datenbank. Über die Zahlenwerte verfügen »Schlüssel« – lange Zeichenfolgen, welche Eigentümer voreinander verstecken.

Die hier relevante Frage ist, warum Menschen bereit sind, für die Verfügung über diese Zahlenwerte so hohe Preise zu bezahlen. Die Antwort darauf hat in der Tat viel mit dem Zustand und der Entwicklung Europas zu tun.

Bitcoin gelingt das Wunder, digitale Knappheit algorithmisch zu simulieren. Bis heute, immerhin mehr als ein Jahrzehnt nach seiner Geburt, ist es nicht gelungen, Bitcoin zu manipulieren, zu fälschen, zu zensieren oder abzudrehen. Zunächst hatte es nur Wert für die Neugier und Experimentierfreude einer kleinen Zahl an Leuten, die Vertrauen[40] in die staatlichen Währungen verloren hatten. Insbesondere Zweifel an Dollar[57] und Euro[23] motivierten die Erstentwickler und -nutzer. Diese Zweifel bezogen sich vor allem auf die Geldpolitik[20], die Politisierung der Geldschöpfung, die immer unberechenbarer wird.

Doch der erste wirkliche Gebrauchswert kam in der Reaktion auf die Kapitalverkehrskontrollen[55] in China[58]: Chinesische Unternehmer realisierten als erste die Nützlichkeit von Bitcoin für die Überweisung großer Geldsummen ins Ausland ohne jede Berührung mit Banken oder Behörden. Das wird möglich, sobald die Zahl der Bitcoin-Nutzer groß genug ist, um einigermaßen liquide Märkte dafür zu bieten. Dann können in China Bitcoin gekauft werden und nach Überweisung im Ausland verkauft werden: So lassen sich Renminbi zu Dollar oder Euro machen. Bitcoin wirkt dabei nur als Mittel und muss nicht lange gehalten werden.

Der große Vorzug von Bitcoin liegt darin, dass es sich hervorragend für den Schmuggel von Liquidität eignet – freilich nur, wenn es Liquidität darstellt, weil es andere regelmäßig gegen alternative Güter nachfragen. Das ist das typische Henne-Ei-Problem. Ohne diesen Bedarf nach Umgehung von Kapitalverkehrskontrollen wäre Bitcoin womöglich nie über dieses Zirkelproblem hinausgekommen und wie viele Tauschkreis-»Währungen« zuvor auf eine kleine vertraute Nutzerzahl beschränkt geblieben.

Warum eignet es sich so gut dafür? Erinnern wir uns an die Alternativen, zu denen man einst bei der Flucht aus Nazideutschland griff: Ins letzte Hemd eingenäht wurden Goldmünzen und Diamanten. Diese Optionen boten hohe Wertdichte, aber selbst dieses Minimum an Substanz war noch sehr riskant. Bitcoin ist völlig substanzlos: Es genügt, sich eine Reihe von Wörtern auswendig zu merken, um jenen Schlüssel generieren zu können, der Verfügung über die erworbenen Bitcoin erlaubt.

Ist diese Nutzung unmoralisch? Ist deshalb Bitcoin ein Werkzeug für Verbrecher und Betrüger? Nein! Gerade Deutsche und Österreicher können sich eine solche heuchlerische Moralisierung nicht leisten, wenn man berücksichtigt, für wie viele Existenzen es einst überlebenswichtig war, über nicht staatlich kontrollierte und kontrollierbare Liquidität zu verfügen. Über eigene Ersparnisse verfügen zu wollen, ist legitim, sonst bräuchte man sie gar nicht anzulegen. Umgehung von Kapitalverkehrskontrollen ist oft die einzige Möglichkeit zur Freiheit[48], wenn die eigene Heimat zum Kerker wird. Wer dieses Szenario für Europa für absurd hält, muss erst recht nicht moralisieren – dann wäre Bitcoin bloß ein weiteres digitales Experiment, zu dem niemand gezwungen wird. Aber man sollte anderen Menschen das Recht zugestehen, sich auf Szenarien vorzubereiten, die historisch und ökonomisch nicht völlig unplausibel sind – und sei es nur, um ruhiger zu schlafen. Ein wahrscheinliches Szenario sind eben immer stärkere Kapitalverkehrskontrollen[55] in Europa, und auch wenn wir weit von totalitären Zuständen entfernt sind, gibt es genügend und wohl immer mehr legitime Gründe, seine Heimat – zumindest für eine Weile – zu verlassen.[56]

Kapitel, die auf dieses verweisen: Kap. 19, 30, 31, 33, 34, 35

38. Sind die meisten Kritiker nicht Verschwörungstheoretiker und Spinner?

Kritik an tragenden Institutionen[53] ist stets Minderheitenmeinung, denn sonst wären diese Institutionen ja nicht mehr tragend. Und Minderheitenmeinungen sind oft falsch, sonst hätte sie die Mehrheit schon übernommen.

Minderheitenmeinungen werden von jenen am wütendsten vorgetragen, die nichts Relevantes zu entscheiden hatten. Sie sind dann Ausdruck von Ungeduld mit der Welt. Nur mit dem Misstrauen der sogenannten »Contrarians« ist es nämlich nicht getan. Relevant sind allein die positiven Elemente, die bessere Antizipation ermöglichen. Und Wut ist stets ein Hinweis auf schlechte Antizipation, auf Enttäuschung über die Gegenwart, weil man in der Vergangenheit von einer anderen – letztlich falschen – Zukunft ausgegangen ist.

Wesentlich für eine Gesellschaft ist der Widerspruch an sich, die Möglichkeit, einer Minderheitenmeinung anzuhängen, nicht der einzelne Widersprechende. Die häufigsten Gründe für Widerspruch sind nicht besseres Wissen oder besseres Tun, sondern schlicht andere Sonderinteressen oder andere Scheuklappen.

Doch je kleiner die Minderheit, die einer Meinung anhängt, welche fast alle anderen für falsch halten, desto dramatischer, wenn sie recht behält. Eine Gesellschaft, die Minderheitenmeinungen verfolgt, schaufelt ihr eigenes Grab – umso mehr, je verrückter diese Meinungen scheinen.

Eine Minderheitenmeinung ist der »Minority Report«, die nötige Abweichung, die vor kollektiven Fehlern bewahren kann. Wer den Irrtum des Andersdenkenden nicht mehr respektieren kann, wird früher oder später selbst in den Irrtum schlittern – im schlimmsten Fall ist es dann der kollektive Irrtum eines pandemischen Gedankenvirus[42].

Kapitel, die auf dieses verweisen: Kap. 1, 11, 12, 15, 16, 17, 30, 33, 40, 41, 43, 47, 59, 60, 64

39. Warum diese extreme Spaltung rund um Corona?

Die Pandemie[8] zeigt die typischen Phänomene einer gespaltenen Gesellschaft: Auf die Sorglosigkeit der einen reagieren manche mit Panikmache, auf die dann andere wiederum mit Beschwichtigung reagieren. All das geschieht parallel, daher der laute Missklang, der an der geistigen Gesundheit der Öffentlichkeit zweifeln lässt.[42]

Aufgrund der Sorglosigkeit entschlossen sich immer mehr Virologen und Epidemiologen zu eindringlichen Warnungen kraft ihrer wissenschaftlichen Autorität[16]. Diese verhallten weitgehend. Erst reale Erfahrung führte zu Reaktionen. Bei dieser Erfahrung handelt es sich um jene Panik, die ausbricht, wenn plötzlich hunderte, identifizierbare Individuen auf einmal dem Tod überlassen werden müssen, weil ein Flaschenhals bei Intensivstationen entsteht. Im Zuge dieser Erfahrung nimmt der Druck auf die Politik so zu, dass sie reagieren muss, wenn sie nicht rechtzeitig agiert hat.

Die wenigsten verstehen exponentielle Entwicklungen[11], alle aber verstehen Todesangst. Darum setzte eine teils gut gemeinte, teils ideologische Panikmache ein. Die geringe Letalität wird selbst von Experten noch immer übertrieben, denn sie geben Statistiken weiter, ohne Rücksicht darauf, dass die wenigsten Menschen, darunter Journalisten, Statistiken korrekt interpretieren können. Für den vernünftigen Beobachter verdichteten sich daher die Hinweise auf Manipulation und Meinungsmache, zumal die politischen Maßnahmen ein für viele überraschendes Extrem erreicht hatten.

Dieselbe Polarisierung findet sich auch bei anderen Leitthemen. Die Spaltung einer Gesellschaft ist ein Hinweis auf Erosion von Vertrauen[40] und das Auseinanderleben der Menschen in Blasen[18]. Sie wird befördert durch Politik und Medien[41], denn in beiden Bereichen herrscht das Selbstverständnis einer aufgeklärten Elite vor, die unter sich ungebildete Masse sieht. Diese Wahrnehmung wird zum Teil durch den kulturellen[45] Abstieg der Unter- und Mittelschicht bestätigt.

Eine Kurzformel zur Deutung dieser Spaltung ist die von Links und Rechts[59]. Doch sie trägt schon lange nicht mehr. Für die Medien[41] waren zuerst die Pandemie[8]-Angstmacher »rechts«, später die Pandemie-Leugner.

Kapitel, die auf dieses verweisen: Kap. 2, 4, 5, 7, 8, 9, 14, 29, 40, 41, 49, 54, 57, 59, 60, 62, 63, 65, 66

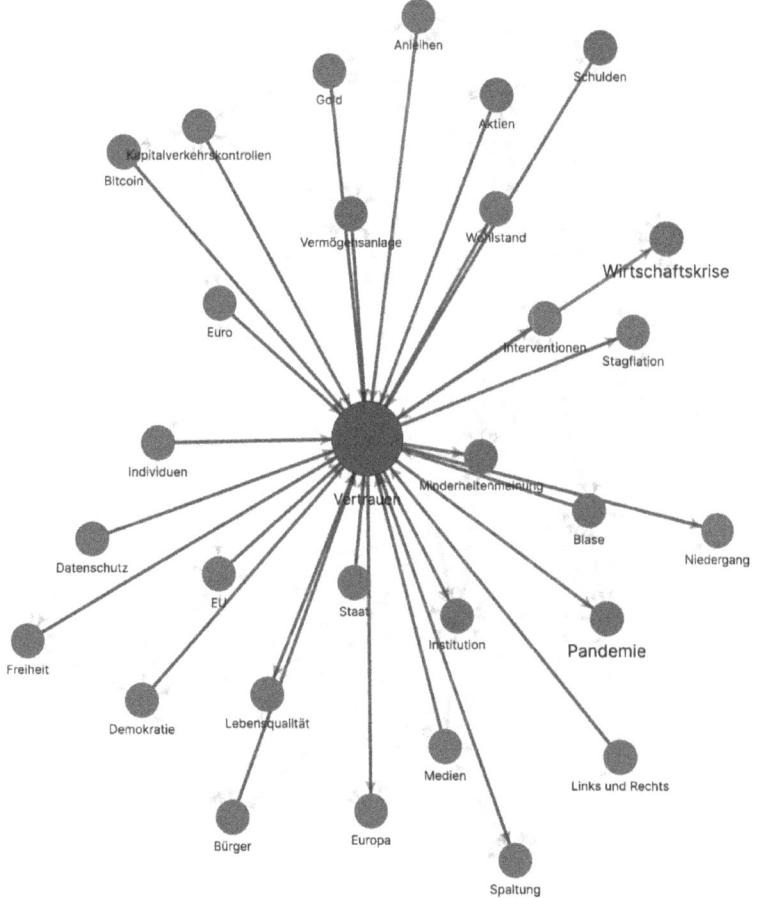

40. Warum sinkt das Vertrauen und was kann man dagegen tun?

Vertrauen ist ein unterschätzter Teil des kulturellen Kapitals einer Gesellschaft, mit gewichtigem Beitrag zur wirtschaftlichen Produktivität und damit zum Wohlstand[24]. Vertrauen ist die Grundlage von langfristiger Kooperation. Ohne Vertrauen ist die Wirtschaft beschränkt auf kurzfristige, kleine Interaktionen mit geringem Risiko – oder auf jene Interaktionen, die durch Gewalt gestützt sind. Gesellschaften, denen es an Vertrauen mangelt, scheinen daher für wirtschaftliche Entwicklung über niedrige Subsistenzwirtschaft hinaus auf einen effektiven Staat angewiesen zu sein. Zwang als Sanktionsinstrument und Befehlsgrundlage kann in der Tat Kooperation ohne Vertrauen ermöglichen, allerdings setzt das Vertrauen in den Staat voraus, was in aller Regel nur bei ethnisch homogenen, relativ atomisierten Gesellschaften funktioniert: Sonst bleibt der Staat die Bühne, auf der sich Ethnien und Clans mittels Zwang bereichern – das Mehrheitsprinzip kann dann zur ethnischen Säuberung führen.

Eine Besonderheit Europas[2] ist das Vorhandensein von Hochvertrauenskulturen. Es sind historisch gewachsene Mentalitäten hohen Vertrauens in das Einhalten von Versprechen. Hohes Vertrauen dieser Art hat nichts mit der engen Vertrautheit von Menschen zu tun, die verwandt und verschwägert sind und ständig miteinander zu tun haben. Eine Hochvertrauenskultur erlaubt Abmachungen über lange Zeiträume und hohe Werte zwischen einander Fremden.

Hochvertrauenskulturen entwickeln in aller Regel effektivere Staaten, da das Vertrauen allgemein berechtigt ist, dass

Funktionäre ihre Position nicht bloß zur Bereicherung von sich selbst und ihrer Sippe missbrauchen, sondern vor allem ihre Funktion zuverlässig ausüben.

Sehr viele positive Seiten des Lebens in Europa sind Symptome dieser Hochvertrauenskultur und nicht bloß Ergebnis der bestehenden Institutionen: hohe Lebensqualität[3], hohe Zuverlässigkeit, hohe Qualität in Produktion und Ernährung, niedrige Korruption und weniger Willkür im Behördenumgang.

Bei der Pandemie[8] zeigte sich zuletzt wieder recht dramatisch der Vorteil von Hochvertrauenskulturen: In Ländern, denen es daran mangelt, waren die Interventionen[12] erratischer, willkürlicher, maßloser und drakonischer. Dies ist aber auch ein Beispiel für die große Gefahr, die mangelndes Verständnis für diesen Hintergrund »westlicher« Vorzüge bedeutet: Sowohl unter Europäern als auch unter jenen, die dem Westen nacheifern, herrscht der Irrtum, dass dessen Vorzüge den besseren Institutionen[53] und Rezepten, den besseren Interventionen und Strukturen geschuldet seien. Man müsse also nur die Methoden und Systeme kopieren. Das führt dazu, dass falsche Maßnahmen, deren Schäden in Europa aufgrund des hohen kulturellen und wirtschaftlichen Kapitals abgefedert werden, in anderen Teilen der Welt größtes Unheil anrichten. So auch die kopierten, aber auf Kulturen geringen Vertrauens adaptierten Interventionen zur Pandemie-Bekämpfung. Die dabei erfolgte Vernichtung von Lebensgrundlagen im Vertrauen auf den »Westen« – und die westlich inspirierten Eliten im eigenen Land – wird derzeit noch massiv unterschätzt.

In Hochvertrauensgesellschaften gibt es hohe »Compliance«, hohe Kooperation bei staatlichen Maßnahmen. Das bedeutet natürlich auch höheres Mitläufertum. Der wohl wichtigste Teil des europäischen Kapitals hat daher auch eine negative Seite.

Vertrauen kann relativ lange ausgenutzt werden. Deshalb ist nach Enttäuschung auch die Wut umso größer. Das erklärt das Wüten der Wutbürger mit ihren Minderheitenmeinungen[38]. Oft ist ihre Wut auch ein Mitläufertum in einer neuen Gemeinschaft, der sie wieder blind vertrauen.

Doch die Enttäuschung ist meist berechtigt. Eben weil das hohe Vertrauen in Europa als Naturzustand betrachtet wird, kommt es zum Konsum dieses kulturellen Kapitals: durch jeden, der legitimierten Zwang und legitimierte Aufmerksamkeit – Positionen von Einfluss – vorwiegend für eigene Zwecke und Zwecke von Interessengruppen nutzt. Wenn das Vertrauen in Experten, Zertifikate und Medien unbescheiden und maßlos bewirtschaftet wird. Wenn die Hilfsbereitschaft für Fremde missbraucht wird, um vor allem eigenes Einkommen und Ansehen aufzubauen. Wenn die hohe Steuermoral missbraucht wird, um maßlos und respektlos mit Steuergeld umzugehen. Wenn das Vertrauen in Stabilität zur Enteignung der Sparer missbraucht wird.

Die Spaltung[39] in Europa ist vor allem ein Bruch quer durch eine Hochvertrauenskultur. Blindes Vertrauen wird dann abgelöst durch blindes, weil wütendes Misstrauen. Wenn in der Zukunft wirklich über einen Niedergang[6] Europas geschrieben werden sollte, werden die wichtigsten Themen nicht Wirtschaftskrise[17] oder Stagflation[27] sein, sondern die Implosion von Vertrauen.

Kapitel, die auf dieses verweisen: Kap. 3, 5, 13, 17, 18, 22, 23, 30, 33, 34, 35, 37, 39, 41, 48, 55, 59, 60, 61, 62, 64

41. Enthüllt dieses Buch die ganze Wahrheit, welche die »Lügenpresse« vorenthält?

Tatsächlich versagen die meisten etablierten Medien bei der Orientierung, zum Teil aus prinzipienloser Aufmerksamkeitsbewirtschaftung, zum Teil aus ideologischer Selbstüberschätzung als moralische Lehrmeister für dumme Untertanen, deren vermeintliche »Aufklärung« immer nur herablassende Belehrung, nie wirklich empathische Emporhebung ist.

Bei aller berechtigten Empörung über letztere Eigenschaft, die wesentlicher Grund für den Vertrauensverlust[40] in diese Deutungseliten ist, sollte man ihre Bedeutung nicht überschätzen. Das Gerede von einer »Lügenpresse« ist Wutventil einer Filterblase abgehängter Schichten, die auf der Suche nach neuer Orientierung immer absurdere Erzählungen für wahrscheinlich halten, wenn sie nur dem Hauptstrom widersprechen.

Die Spaltung[39] wird zwar von den traditionellen Medien – in völligem Gegensatz zu ihrem Selbstverständnis – keineswegs gemildert, sondern befeuert. Da können sie noch so viel »Aufklärung« betreiben und auf »Fakten« beharren – die offensichtliche Voreingenommenheit, vor allem von sich selbst, wird zu Recht als heuchlerisch wahrgenommen. Die eigentliche Domäne der Filterblasen[18] scheinen aber die »sozialen Medien« zu sein.

Diese Wahrnehmung ist nur zum Teil richtig. Durch »soziale Medien« nahm die Zahl an Filterblasen zu, die Harmonie der einen nationalen Filterblase ist dahin. Wer das betrauert, hat sich für den chinesischen[58] Weg entschieden, was völlig inkompatibel mit der Selbstwahrnehmung, wenn auch leider nicht mit den unbewussten Präferenzen der meisten Journalisten ist.

Kritik an den Medien, welche die Mehrheit erreichen, also Massenmedien, ist notwendig eine Minderheitenmeinung[38] – die auch dieses Buch trägt. Der Leser, der sich durch gewohnte Massenmedien schon vollständig informiert fühlt, wird dieses Buch wohl nicht gekauft haben – und als Beschenkter wohl die Enttäuschung höflich verschweigen.

Medienkritik scheint andererseits allgegenwärtig zu sein: Jeder kritisiert die Medien, denen er nicht vertraut. Ich möchte etwas weiter gehen: Ich halte schon die Grundprämissen der Information oder Aufklärung durch tagesaktuelle Formate für falsch. Wie einleitend bemerkt, können aktuelle Themen aus dem Tagesgeschehen selbst gar nicht durchdrungen werden.

Medien befriedigen ein Bedürfnis unserer menschlichen Natur[49], das für unser Überleben einst wichtig war: Tratsch und Alarm. Die erste Institution[53] übt sozialen Druck auf Abweichler aus, um den Zusammenhalt einer Kleinstgruppe zu stärken – im besten Falle ist es ein mündliches Verzeichnis von Verfehlungen, um das Vertrauen[40] zu schützen. Die zweite Institution beruht auf möglichst schneller Weiterleitung potentieller Gefahrensignale.

Beide Bedürfnisse werden durch die technischen Möglichkeiten überladen, genauso wie unser Bedürfnis nach schnellen Kalorien. Medien sind das Fast Food der Information und führen zu schweren geistigen Vorerkrankungen: eine Überfettung des Geistes mit ständigem Alarmzustand, mit Tratsch über Menschen, zu denen wir überhaupt keine Beziehung haben, und Freund-Feind-Denken. Diese Vorerkrankungen machen an sich harmlose Gedankenviren[42] zu Bedrohungen des Geistesleben, die manchmal sogar das gesamte Leben kosten können.

Dieses Buch ist gewiss auch ein Medium. Für mitlaufende Massen, für allwissende Blasen, für Tratschhörige und

-süchtige und für Alarmisten wird es nicht mehr als ein kleines Ärgernis sein. Das ist kommerziell bedauerlich für den Verlag, aber wenn dieser seine Gewinne kurzfristig maximieren wollte, gäbe es dieses Buch gewiss nicht. Missionarischen Eifer habe ich selbst keinen mehr, und Bücher sehe ich als Freundschaftsdienste für noch unbekannte Seelenfreunde mit wenig Aussicht auf finanziellen Verdienst. Anstelle von Autorität setze ich das Argument – als subjektive Antwort auf reale Fragen, die intersubjektive Verständigung versucht.

Kapitel, die auf dieses verweisen: Kap. 9, 13, 16, 39, 42, 53, 57, 59, 64

42. Was sollen Gedankenviren sein?

Die Bestimmtheit, mit der schwankende Meinungsfolger stets Abweichler suchen und aburteilen, sobald sie wieder in ein neues Leitthema gekippt sind, legt die Annahme nahe, dass wir es mit einer kollektiven psychischen Störung zu tun haben.

Erst eine künstliche Verstärkung von Spannungen bei gleichzeitigem Ausdehnen von Sinnleere führt zu sich häufenden Störungen. Solche Störungen auf gesellschaftlicher Ebene gab es immer schon, doch sie wirken nicht immer gleich stark. Der Eindruck einer beschleunigten Zunahme solcher Gestörtheit ist aktuell jedenfalls schwer von der Hand zu weisen.

Die Schieflagen und Spannungen der Geldordnung[20] – oder vielmehr interventionistischen Geldunordnung – mit ihrer Nährung überdehnter, sinnleerer Wirtschaftsformen bieten eine Basis künstlicher Überspanntheit. Diese trifft auf ein erschreckendes Versagen der Deutungseliten, vor allem in den traditionellen Medien[41].

Die wachsende Vielfalt der Filterblasen[18] ist grundsätzlich positiv. Negativ ist die immer raschere Konvergenz zu wenigen besonders lauten Hauptblasen, die sich mit ihrem Getöse gegenseitig nähren und – nachdem sie ihren Verstand verlieren – dem Rest den Verstand rauben.

Hier leistete die Pandemie[8] wohl eine Verstärkung. Die fälschlicherweise als »soziale Distanzierung« bezeichnete physische Distanzierung pferchte die Menschen in die digitalen Räume. Nicht nur drängen sich Menschen mit – dank Corona-Ferien – großer Tagesfreizeit nun auf den digitalen Plattformen, die Pandemie und die anderen Erschütterungen dieses verrückten

Jahres befeuern den immer schon übertriebenen und ungesunden Neuigkeitsdurst der Menschen zu einem Nachrichtenwahn: der völligen Vereinnahmung der Aufmerksamkeit durch Tagesthemen. Das aktuelle Geschehen hat den geringsten geistigen Nährwert, denn es ist in der Regel noch völlig unverstanden, fehlgedeutet oder falsch gewichtet.

Dieses Zusammenpferchen der Geister in Raum und Zeit, in digitale »Streams« und auf aktuelle Bezüge, bietet die perfekten Bedingungen für die gefährlichste Art von Pandemien: Die kollektive Ansteckung mit Gedankenviren.

Richard Dawkins prägte diese Analogie. Er wendete sie allerdings falsch auf traditionelle Religionen an, was eher dem Engagement eines Freigeistes als der Analyse eines Wissenschaftlers entspringt. Dieses Engagement ist in den Worten von G. K. Chesterton ein »Kampf gegen Großmütter«, wie die aktuelle Pandemie beweist: In vergangenen Zeiten reagierte man gegen ungewisse Bedrohungen wie Seuchen mit massenreligiösem Eifer. Heute ordnet sich die Kirche ganz selbstverständlich unter und hält per Dekret die Türen geschlossen. Die wahren Autoritäten[16] und die wirkmächtigen Dogmen liegen anderswo. Für religiöse »Meme«, die empirisch betrachtet Nachkommenschaft und Wohlbefinden erhöhen, ist »Gedankenvirus« keine gute Analogie – egal, was man von Wahrheit oder Moral dieser Anschauungen halten mag.

Eric Voegelin hatte lange vor Dawkins den für die Moderne angemesseneren Fokus auf die Viralität von »politischen Religionen« gelegt. Darin erkannte er Geistesinhalte, die er als »Traumbilder« und »Ausdruck einer wilden, mit Ressentiments geladenen Herrschsucht« bewertete. Diese führen zu einem »Versuch der Weltvernichtung«, welche »nur die Unordnung in der Gesellschaft« steigere.

Für Schaden an der Gesellschaft taugt die Virus-Analogie nicht, wenn dieser die Folge des Vorteils einzelner Menschen oder Gruppen ist. Interessen sind keine Gedankenviren, sondern rationale Motive. Auch, was nach außen hin verrückt erscheint, kann tieferen Sinn haben. Ich möchte hier auch keinesfalls pauschal andere Ansichten in die Nähe von Gedankenviren rücken.

Als Gedankenviren können eher Anschauungen gelten, die Menschen in ihren eigenen Interessen behindern, sie lähmen, sie irre werden lassen, ihren Blick auf die Welt so trüben, dass sie nicht nur keine biologischen oder geistigen Nachkommen hinterlassen, sondern zum Selbsthass schreiten – bis zur eigenen Existenzvernichtung. Es sind jene Gedankenviren, die vernunftbegabte Menschen zu »nützlichen Idioten« machen. Dann befördern sie die Interessen weniger auf Kosten der vielen, sogar der eigenen. Solche Gedankenviren nisten sich vor allem dort ein, wo die Immunität durch geistige Vorerkrankungen wie Feigheit, Geltungsdrang und Mitläufertum herabgesetzt ist.

Kapitel, die auf dieses verweisen: Kap. 6, 8, 18, 38, 39, 41, 52, 57, 64, 65

Dieses Kapitel beruht auf einem Artikel, der in »Finanz und Wirtschaft« erschienen ist.

43. Was ist Innovation und wie kann man sie fördern?

Innovation ist eine neue Verbindung von Elementen, die höheren Nutzen schafft als vorherige Anordnungen. Nutzen ist der Beitrag zur Erreichung menschlicher Ziele. »Grenznutzen« nennen Ökonomen jene zusätzliche Nutzenstiftung, die darüber bestimmt, für wie wertvoll Menschen bestimmte Güter halten. Innovation ist also Grundlage von neuer Wertschöpfung[24].

Innovation ist aber auch eine einzigartige Möglichkeit, menschliches Potenzial zu zeigen, zu fördern, zu nutzen. Damit sind nicht bloß die Fähigkeiten von Ingenieuren gemeint. Innovation ist viel mehr als die Erfindung, die aus dem Tüfteln der Ingenieure und Bastler hervorgeht. Erfindungen bezeichnen die Entwicklungen neuer technischer Kombinationen. Technik[46] ist aber nur nützlich, wenn die Verbindung zum Menschen gelingt. Dazu braucht es auch das Tüfteln an Prozessen, Angeboten, Verpackungen, Narrativen, Strukturen, Unternehmen, Institutionen, Informationen und vieles mehr. Innovation enthält oft keine technische Neuerung, sondern bloß neue Sinngebung für Kombinationen von Erfindungen, die schon sehr alt sein können.

Kreativität[47], menschliches Potenzial und damit auch Innovation – das klingt verdammt gut für die meisten Ohren und wird daher in Politikerreden oft angestimmt. Wahre Innovation aber ist unbequem, sie sieht oft nach »kreativer Zerstörung« (Schumpeter) aus. Innovation ist gerade deshalb nötig, weil die Erfindung alleine oft nur für den Erfinder wertvoll ist. Meist fehlen noch andere Erfindungen, um sie wirklich nützlich zu machen. Ist sie direkt nützlich, so ist ihr Nutzen für andere Menschen ungewiss, eben weil sie neu ist.

Menschen, viel mehr aber noch Institutionen und Strukturen, sind träge. Das hat etwas Gutes, denn nicht jede Veränderung ist gut. Es ist eine nützliche Daumenregel des Lebens, eher auf Bewährtes zu setzen als ständig alles zu hinterfragen und von Null beginnen zu wollen. Ohne Imitation kein praktisches Lernen. Ohne Abweichung von der Imitation aber keine Innovation, die alte Praxis durch bessere neue Praxis ersetzen kann.

Innovation schafft Wohlstand[24], aber Wohlstand ermöglicht auch Innovation: wenn Kapital innovativ eingesetzt wird. Das erfordert das Experimentieren mit ungewöhnlichen Ansätzen, die anfangs oft als verrückt und abwegig[38] erscheinen. Innovation lässt sich nur schwer systematisch betreiben, außer die Systematik besteht darin, immer mehr Möglichkeiten zu Versuch und Irrtum zu bieten und vielfältiges Tüfteln anzuregen.

Tüfteln setzt produktive Muße voraus, während Wohlstand, vor allem wenn er nicht selbst verdient ist, eher konsumtive Muße nährt – den Müßiggang. Produktive Muße ist die Freiheit zum Experimentieren ohne Ergebnisdruck, angetrieben meist durch Neugier, aber manchmal auch durch Geltungsdrang und Profitstreben.

Innovation beruht nur selten auf Wissenschaft[16], viel öfter baut Wissenschaft auf Innovation auf. Erst ergründen praktische Tüftler neue Möglichkeiten, dann folgt das theoretische Verständnis. Bildung[44] bietet manchmal eine Basis für Innovation, wenn sie neugierige Menschen zusammenbringt und ihnen Werkzeuge zur Verfügung stellt. Als Anstalt ist Bildung[44] aber eher ein Innovationshemmnis, denn sie entzieht Zeit und Mittel aus innovativeren Verwendungen in solche, die Lehrplänen folgen. Innovation hingegen ist kaum planbar, und wenn, dann sicher nicht von jenen, die Wissen vermitteln – denn Wissen, das schon so gewiss[15] scheint, dass man es in Lehrpläne aufnehmen kann, ist per Definition Wissen von gestern.

Die Innovation, die alle so rühmen, das ist meistens die Innovation von gestern. Die Innovation von gestern kennen alle, alle können mitreden, und alle können stolz auf sie sein. Hinter der Innovation von gestern kann man sich richtig gut und modern fühlen. Die Innovation von gestern bildet den Kapitalstock, den man heute konsumieren kann. Klar fühlt sich das gut an, so gut wie das bereits gebraute Bier, viel besser als die noch stinkende Maische.

Die Innovation von morgen, die kennen wir noch nicht. Wenn wir sie erkennen würden, bräuchte es sie nicht. Darum ist es wahrscheinlicher, dass wir sie nicht nur nicht erkennen, sondern aktiv verkennen. Wenn man sie uns vor die Nase hielte, würden wir uns angewidert abwenden. Jene, die sie anrühren, würden wir nicht für Kreative halten, sondern für Spinner, Verräter, vielleicht sogar für Verbrecher.

Darum müsste Innovation eigentlich in Freiheit[48] am besten gedeihen. Dafür bietet die Geschichte aber mehr Belege als die Gegenwart. Die Gegenwart verwirrt durch ihre unfassbare Dynamik. Statistisch betrachtet zeigt sich eine gigantische Wohlstandsexplosion: Massen von Menschen entkamen in kurzer Zeit bitterer Armut. Die größte Veränderung fand in Asien statt. Dort nahm zweifellos die Freiheit zu, angestoßen durch Singapur und Sonderwirtschaftszonen[66] wie Shenzhen.

Doch diese Dynamik ist noch ambivalenter als im amerikanischen Silicon Valley. Sowohl dieses vermeintlich kalifornische Wirtschaftswunder als auch das Wirtschaftswunder Singapur und, am allermeisten, das chinesische[58] Wirtschaftswunder nähren auch völlig konträre Narrative: vom Staat als Innovationstreiber, der die freien Präferenzen der Menschen für das Nichtstun, die Unbildung und das Horten mit Zwang oder Täuschung hintertreiben muss, um sie zum Glück kollektiven Wohlstands zu zwingen.

Der Freiheitsfreund wird auf Folgendes verweisen: die Bedeutung relativer Freiheitsunterschiede[48], die Verzerrung der Maßstäbe und des Welthandels durch die Geldpolitik[20] und den Unterschied zwischen imitierender Nachholinnovation und wirklichen Pionieren. Jene Innovation, die an quantitativen Ergebnissen bemessen wird, mag mit weniger Freiheit auskommen. Es ist jene merkwürdige Innovation, die auch mit immer Neuem langweilt. Dazu gehört die Innovation von immer mehr Verbindungen zwischen immer ähnlicheren Menschen, die sich immer weniger zu sagen haben, und die Innovation von immer mehr Mitteln zur Erreichung immer sinnloserer Ziele.

Qualitative Innovation hingegen, die nachhaltige Verbesserung statt kurzfristiger Befriedigung bietet, ist ohne individuelle Freiheit im Denken, Ausprobieren und Ablehnen unmöglich.

Kapitel, die auf dieses verweisen: Kap. 2, 8,13, 16, 17, 19, 22, 24, 28, 29, 34, 35, 45, 46, 51, 52, 57, 58, 63, 66

44. Wären Investitionen in Bildung nicht das Wichtigste?

Bildung ist wie Kreativität[47] ein Begriff, der von nahezu allen positiv besetzt wird. Wer würde es wagen, weniger Bildung zu fordern? Doch Bildung ist nicht nur ein Konzept, sondern auch eine Institution[53]. Es ist mehr noch: Bildung ist heute ein System, das heißt eine alles durchdringende Institution mit großem Mitteleinsatz, die maßgebliche Lebensphasen der meisten Menschen dominiert.

Es gab noch nie so viel institutionalisierte »Bildung« wie heute, das heißt, noch nie waren so viele Menschen für so lange Zeit in systematisch organisierten Einrichtungen betreut wie heute. Gab es auch noch nie so viel Bildung wie heute? Das ist schwer zu sagen, immerhin kann es nie genug Bildung geben. Bildung ist ein Begriff des deutschen Idealismus und beschreibt ein Ideal: die Selbsterhebung des Geistes.

Wenn mehr Bildung gefordert wird, ist das heute selten ein Appell an den Geist; den beeindrucken politische Forderungen wenig. Es ist – ganz nüchtern betrachtet – die Forderung, noch mehr Mittel durch Umverteilung[25] oder Geldpolitik[20] in Anstalten zu überführen, die Jobs für Akademiker bieten.

Geistes- und Kulturwissenschaft sind edle Zwecke. Sie sind aber auch bequeme Refugien: hinreichend akademisch für hohes Prestige und Einkommen, dabei aber ohne Druck durch Nützlichkeiten und Entscheidungsverantwortung, wie sie die Technik[46] mit sich bringt. Als Domänen allgemeiner Kreativität[47] ohne Einschränkung auf konkretisierbare Probleme, für die Lösungsansätze bewertbar und verantwortbar wären, bilden sie Blasen[18].

Wenn mehr Bildung einen Mentalitätswandel bedeutet hin in Richtung offene Neugier, kritisches Infragestellen, Orientierung am höchsten menschlichen Potential, freies Experimentieren mit Neuem, dann wäre das gewiss ein Weg zu neuer Dynamik[28]. Manches davon lässt sich wohl auch in Institutionen[53] gießen. Das wäre aber weniger Quelle von Innovation als Symptom von Innovation.

Daher ist wahrscheinlich die konträre Einschätzung, welche die meisten Europäer wohl für völlig verrückt halten, näher an der Wahrheit: dass Europa eher an zu viel als zu wenig Bildung krankt. Zu viele Zertifikate, Lehrpläne, Akademiker, zu viel Zeit abgesessen in Anstalten, zu viele Ressourcen auf jene Lebensalter konzentriert, in denen wir am wenigsten Interesse am Lernen haben.

Erst wenn wir aufhören, »Bildung« mit den unmöglichsten Erwartungen zu überladen, werden wir wieder jene europäische Tradition alter Schriftkultur wertschätzen lernen. Diese Tradition ist seit ihren Anfängen eine kritische, eine, die das abweichende Argument höher schätzt als die Imitation.

Diese Form von Bildung erfordert Muße – das griechische Wort dafür steckt auch im Begriff Schule – und entzieht sich direkten Nützlichkeiten. Es handelt sich mehr um eine Lebenseinstellung: Interesse an Reflexion, an Verstehen und Verständnis, Hochachtung vor Geistigem, Bereitschaft zum Hinterfragen. Lebenslange Bildung dieser Art ist Teil einer Kultur[45]. Europa könnte hier eine Spitzenposition einnehmen, doch gerade die Überdehnung, Institutionalisierung, Angleichung und Verzweckung gefährden dieses Erbe. Im universitären Bereich sind es die belächelten Orchideenfächer, die am ehesten Reste dieses Erbes bewahren.

Im Gegensatz dazu steht die Berufsbildung, die nötige Heranführung an die Kooperation mit anderen, die Nutzung von Werkzeugen, das Entwickeln eigener Talente. Auch hier hätte Europa eigentlich gute Voraussetzung durch die in vielen Ländern lange Tradition der Lehre im Betrieb – »duale Bildung« ist dafür als Begriff etwas irreführend. Leider hat die Akademisierung diese berufsnahe Ausbildung entwertet. In einer dynamischen Wirtschaft mit Fokus auf Wissensarbeit bräuchte gerade Handwerk Hirn – sprachliche und analytische Fertigkeiten – und das akademisierte Hirnwerk dringend Berührung mit realer Produktion.

Heute hätten Programmierkenntnisse ähnliche Bedeutung wie einst die Alphabetisierung – als Zugang zur Arbeitsteilung bei komplexeren Problemen. Doch die Verschulung des Programmierens wäre wenig sinnvoll: Wie im Mathematikunterricht würde es eher abschreckend wirken, wenn veraltete Programmiersprachen lehrplanmäßig durchgezogen werden. Der relevante Kern von Programmierkenntnissen liegt nicht im Vokabular einer Sprache, sondern in der Geisteshaltung des »Hackers«: Begeisterung für komplexe Probleme, die hinreichend motiviert, besonders hohe Schwellen der Abstraktion und Frustration zu bewältigen. Auch das ist eher Einstellungssache – und wenn solche Einstellungen gedeihen, wäre es wiederum Ausdruck einer Kultur[45].

Kapitel, die auf dieses verweisen: Kap. 26, 29, 30, 32, 43, 56, 57, 61

45. Ist nicht viel wichtiger als Wirtschaft die Förderung der Kultur?

Europa[2] ist gewiss reich an Kultur – darin einen Gegensatz zur Wirtschaft zu sehen, ist aber eine Folge von Verzerrungen und Missverständnissen. Kultur kann alles bedeuten, was Menschen schaffen – so wie wir allem und jedem Kreativität[47] zuschreiben können. Doch die starke positive Betonung von Kultur, insbesondere in Europa, verweist auf eine lange Tradition des Prestiges.

Dieses Prestige ist einerseits pseudo-elitär: Geltungskonsum einer kleinen, vermögenden Schicht. Ein großer Teil der europäischen Hochkultur entstammt dem Mäzenatentum von weltlichen und kirchlichen Fürsten, die gewiss teilweise durch Prunksucht und Geltungsdrang motiviert war. Dennoch gibt es einen auffälligen Unterschied zwischen heute dominantem Geltungskonsum und diesem alten Mäzenatentum: die Dauerhaftigkeit und Qualität der Ergebnisse.

Hohen materiellen Wohlstand öffentlich zur Geltung bringen zu wollen, um damit den eigenen Status zu erhöhen, ist eine urmenschliche Neigung. Traditionell steht dieser Weg aber oft nur einer Person, dem Alphatier oder »Big Man«, frei. Andere sollten ihren Wohlstand tunlichst verstecken, denn er führt zu Begehrlichkeit und Neid. Manchmal schafft das Alphatier in seinem Geltungsdrang bleibende Werke. Doch die Vielfalt ist gering, und die Kosten sind hoch. Die meisten bleibenden Werke alter Hochkulturen kosteten das Leben vieler Menschen und saugten Mittel von anderen, besseren und innovativeren Zwecken ab.

Das Besondere am europäische Kulturwettbewerb war seine Vielfalt und dass er nicht durch Zwangsarbeiter, sondern das meist freiwillige Mitwirken von Genies ermöglicht wurde. Es war die Kleinräumigkeit Europas bei gleichzeitiger kultureller Verbundenheit, die den Wettbewerb politischer Mäzene fruchtbarer machte: Sie wetteiferten im Kleinräumigen, was viel mehr Platz für Variation ließ und zu geringeren Opportunitätskosten führte, aber sie wetteiferten um die Anerkennung einer Schicht, die über die kleinen Räume hinweg verbunden war. Beides wurde befördert durch die Entwicklung eines städtischen Bürgertums, als Ergänzung zum eher ländlichen Adel, der mit den Kirchen viel zur ländlichen Kulturentwicklung beitrug. Das Bürgertum schuf jedoch zunächst eine Anerkennungselite, welche das Niveau als Schiedsrichter des Wettbewerbs laufend hob, und dann nährte wohlhabendes Bürgertum eine Welle des Mäzenatentums, die irgendwann sogar die unzähligen Fürsten in ihren Schatten stellte.

Ein großer Teil jener Kultur, auf die Europäer so stolz sind, entspringt privatem Mäzenatentum: die einmalige Bausubstanz, die bis heute Kernkapital des Fremdenverkehrs ist, die Salon- und Kaffeehauskultur mit ihrer ungeheuren Wichtigkeit für die Innovation[43], die hochentwickelte Musikkultur mit ihren zahlreichen Prunkbauten, Orchestern und Chören, die Theater und Museen. Im Bürgertum entwickelte sich die Philanthropie mit genossenschaftlichen Zügen: Freie Bürger[60] verbinden eigenen Nutzen mit der Finanzierung öffentlicher Güter. Diese Tradition unterscheidet sich von Almosen und Subventionen: Sie ist aktiver, engagierter, partizipativer, und erlaubt die schwierige Verbindung von Vorrang und Miteinander.

Heutige Kulturförderung in Europa ist überwiegend Subvention oder Almosen: Nicht aktive Mäzene, die unternehmerische Entscheidungen treffen, sondern unpersönliche Bürokratien teilen aus und zu. Der Unterschied zwischen der alten Kultur und der neuen spaltet: Die einen neigen zur musealen Bewahrung, die anderen zur Zerstörung aller Maßstäbe, um endlich vom Vergleich mit der Vergangenheit befreit zu werden. Doch das ist ein geheucheltes Spiel. Die neue, geförderte Kultur ist noch elitärer als die alte, denn die breite Bevölkerung ignoriert sie, sogar wenn sie gratis ist. Im kulturellen Vakuum der Moderne hat wirtschaftlich optimierte Pop-Kultur dann freie Bahn. Diese vermeintliche Globalisierung[52] ist aber nur das Verdrängen der Erstarrung durch die Dynamik[28], die unvermeidlich ist. Die kommerzielle Pop-Kultur hat nämlich immerhin Anreize zur dynamischen Ausdehnung, denn diese ist kurzfristig lukrativ. Die geförderte Kultur aber ist meist defensiv, erklärt das Publikum kurzerhand für zu dumm und ungebildet. Leider ist die Dynamik der Pop-Kultur eine verzerrte in Richtung kurzfristiger Kommerzialität und niedrigschwelliger Aufmerksamkeitsbewirtschaftung.

Das ist eine Folge der Geldpolitik[20], denn große Vermögen stehen heute unter Entwertungsdruck und schielen vorwiegend auf schnelle Rendite, um nicht Substanz zu verlieren. Die Opportunitätskosten von langfristigem Engagement werden immer höher. Die europäische Kultur zehrte aber davon, dass Bürger[60] Vermögen aufbauen und über dieses frei von Neid und Druck – auch unwirtschaftlich – verfügen konnten. Diese Kultur eines bürgerlichen Mäzenatentums ist in Europa geschwunden. In den USA[57] lebt die Philanthropie fort, aber weniger im Rahmen einer städtischen Bürgerkultur – viele Mäzene sind dort auf Missionierung ausgerichtet. Die dennoch hohen Stiftungsvermögen, verbunden mit der höheren Dynamik im kommerziellen Bereich, führen zur Dominanz amerikanischer

Kultur. Viele Europäer schätzen sie aus Dünkel gering, übersehen dabei aber das hohe künstlerische Niveau, das sich heute in anderen Medien entfaltet, vor allem in Film und virtuellen Welten. Die noch sehr europäische »klassische Musik« lebt zunehmend durch asiatisches Interesse und Spitzen-Engagement fort. Die alte Bausubstanz wäre ohne Fremdenverkehr kaum bewirtschaftbar und nicht mehr zu erhalten. Das kulturelle Kapital ist nach wie vor relativ hoch in Europa, doch auch hier zeigt der nüchterne Blick eher Niedergang[6] als neue Dynamik[28]. Keinesfalls ist die Kultur ein Gegensatz zur Wirtschaft, der Preis schwächelnder Wirtschaft oder ein Trostpflaster dafür. Die Wirtschaft zehrt von kulturellem Kapital, und hohe Kultur setzt die Bereitschaft und Fähigkeit voraus, hohen Wohlstand langfristig für Werke mit höchsten Standards einzusetzen, die nicht nur kurzfristige und eigene Rendite bringen. Dieser Gegensatz zum Renditedruck einer verzerrten Wirtschaft wird meist als Plädoyer gegen Wirtschaft und für den Staat[62] in der Kultur missverstanden. Tatsächlich ist die Politik heute noch kurzfristiger als die meisten Privatvermögenden, sie fördert, was ihre Interessengruppen gerade für opportun ansehen – selten Werke von langfristigem Bestand und Wert.

Kapitel, die auf dieses verweisen: Kap. 3, 4, 19, 24, 41, 46, 51, 52, 59, 64, 66

46. Sollten wir die Kreativität fördern?

Kreativität ist viel zu wenig spezifisch, um die positive Aufladung zu verdienen, die wir ihr zuschreiben. Kreativ meint heute oft bloß ungewöhnlich, und das ist kein Qualitätsmerkmal. Wenn das Ergebnis nicht definiert wird, bleibt Kreativität inhaltsleer. Man kann kreativ Probleme lösen, entscheidend ist aber die Lösung, nicht wie ungewöhnlich sie ist.

Ungewöhnlichkeit ist dann wertvoll, wenn sie vor einer Blase[18] bewahrt – wenn es sich also um die kleine Zahl von Minderheitenmeinungen[38] handelt, die sich entgegen aller Gewohnheit als richtig erweisen.

Wenn ein Begriff für fast alle positiv besetzt ist, verweist das meist auf mangelnden Realismus: auf das Ausblenden von Ziel- und Wertekonflikten. Bewusstsein dieser Konflikte führt zu den notwendigen Kompromissen, die uns die Welt abringt. Mehr Kreativität kann auch mehr Aufwand, mehr Umwege, mehr Ästhetizismus, mehr Eigenheiten, mehr Schlampigkeit bedeuten – und nichts davon verbürgt für sich genommen schon ein besseres Ergebnis.

Kreativität kann aber auch schlicht ein Synonym für Problemlösungsfähigkeit sein. Diese ist eine seltene und wichtige Gabe. Sie gedeiht außerhalb von Blasen[18], in der Konfrontation mit der Realität und nur bei Menschen, die aktiv und positiv genug sind, um geduldig an realen Lösungen zu arbeiten, wenn sich viele schon mit Scheinlösungen zufrieden geben.

Die populärste Scheinlösung ist, die Realität schlicht um- oder wegzudefinieren, das Problem als Vorteil zu rationalisieren und falsche Abzweigungen als »Abkürzungen« zu verkaufen. Dafür braucht es auch »Kreativität«. Genau von dieser

Intellektuellen-Kreativität hat Europa wahrscheinlich mehr als genug: Die Gabe, Sprache so kunstvoll zu nutzen, dass sie zum Nebelschleier wird, Scheinprobleme zur Selbstbeschäftigung zu ersinnen und das gesamte Denken in Scheinwelten stattfinden zu lassen.

Wahre Kreativität gedeiht in Freiheit. Künstlich fördern lässt sie sich kaum, schon gar nicht von Menschen, die so unkreativ sind, Floskeln zu wiederholen wie jene von der Förderung der Kreativität.

Europäische Städte scheinen im internationalen Vergleich perfekte Umfelder der Kreativität zu sein: Die Mischung historischer Struktur mit modernem Leben, die Vielfalt geförderter Kulturprojekte, die öffentlichen Plätze und Anlagen – all das sticht heraus. Keine Frage, europäische Städte bieten Lebensqualität[3], doch Kreativität als Problemlösungsfähigkeit wird überschätzt.

Die dominante Kreativität ist konsumtiv, nicht produktiv: Es ist die Muße von Menschen, die nichts mehr leisten müssen und daher auch mal experimentieren können – leider experimentieren sie überwiegend im Konsum und kaum in der Produktion. Sie konsumieren Lebensstile und Erlebnisse, vielfältige Güter, die sich oft mehr durch die »Narrative« unterscheiden, die bei näherem Blick gar keine so große Vielfalt zeigen.

Kreativität sollte nicht die Lebenslüge von ewigen Kindern sein, die ihre Spiele viel zu ernst nehmen und wütend einfordern, dass sie auch andere ernst zu nehmen haben.

Kapitel, die auf dieses verweisen: Kap. 3, 43, 44, 45, 46, 63

47. Wie viel technische Entwicklung ist gut und nötig?

Technik ist nicht bloß eine Methode, eine gewählte Lebensweise oder ein menschengemachtes Werkzeug, dessen Herren wir sind. Technik ist eine dynamische Sprache der immer neuen Zusammensetzung von Elementen zu neuen Wirkungen. Der Ausdruck dieser Sprache liegt nicht in menschlicher Hand, sie ist keine statische Zauberformel, die genau das hervorbringt, was der Hexenmeister möchte. Menschen lernen diese Sprache und ihre Wirkungsweise durch Entdeckung.

Technik erfordert menschliche Kreativität[47], ist jedoch nicht die Schöpfung eines Geistes. Sie folgt den Gesetzen des inneren Aufbaus der Welt, nicht unseren Absichten. Technik überrascht diejenigen, die an ihr und mit ihr tüfteln. Als Gesamtheit des entdeckten Vokabulars, als aktueller Stand dieser Sprache, ist Technik eine spontane Ordnung, ein evolutorisches System. Je mehr Menschen mit dieser Sprache spielen können und wollen, desto mehr technischen Fortschritt[51] wird es geben.

Heute sind wir bereits an der Stufe einer gewissen Emanzipation der Technik vom Menschen. Die neuen Kombinationen, die wenige entdecken, können viele kopieren – vor allem weil wir schon so viele technische Hilfsmittel zur Entwicklung und zum Einsatz von Technik haben. Irgendwann könnte der Punkt erreicht sein, den Ray Kurzweil »Singularität« nennt: Wenn die technische Entwicklung selbst zu einem technischen Prozess wird, wenn Maschinen das Lernen wirklich lernen. Das heutige »Maschinenlernen« ist schon ein Schritt auf diesem Weg.

Technik ist also schwer kontrollierbar und dirigierbar. Sie ist heute Teil unserer Umwelt, und war immer schon Teil unserer Natur[49]. Die passive Einstellung vieler Europäer zur Technik nährt eine gewisse Ohnmacht. Technik wird dann wahrgenommen als verlockendes Konsummittel und unentrinnbares Verhängnis. Eine Kultur[45] der Technik hingegen beruht auf einem aktiven Verhältnis: entweder durch eigenes Tüfteln, um selbstgewählte Probleme zu lösen, statt nur über fremdbestimmte Probleme zu jammern, oder als Akt der Autonomie aktiver individueller oder gemeinschaftlicher Abwahl bestimmter Elemente der Technik – als bewusste Abstinenz und Quelle von Identität[4].

Technik allerdings kollektiv kontrollieren und dirigieren zu wollen, ohne dass es sich um einen bewussten gemeinschaftlichen Akt konkreter Abstinenz handelt, ist eine kindische Illusion der Wohlstandsverwahrlosung[24]: alles haben zu wollen, nur kein Risiko, alles besserwissen zu wollen, ohne Ahnung, niemandem etwas gönnen zu wollen aus Lebensfeindlichkeit.

Der einzige Weg, die technische Entwicklung näher an den Wünschen und Sorgen der Menschen verlaufen zu lassen, ist die Mittel für diese Entwicklung den freiwilligen Entscheidungen der Menschen zu überlassen. Technische Entwicklung durch versteckte Umverteilung zu beschleunigen wie in China[58] hat den Preis, dass die Neuzusammensetzung zum Selbstzweck wird, die Technik nicht mehr menschliche Probleme löst, sondern der Mensch zum technischen Problem wird, zum beliebig anzuordnenden Element sinnleerer Maschinerien. Noch erlaubt der Maßstab am Export, an der Nachfrage auf globalen Märkten, und das noch überwiegende Übernehmen bereits bewährter Technik den Sinn eines materiellen Wachstums[50]. Ein innengerichteter Technikstaat[62], der sich gar nicht mehr an Märkten orientiert, wäre ein Schreckensszenario.

Ebenso schrecklich wäre es, mittels staatlicher Maßnahmen die technische Entwicklung abzuwürgen. Ein Hauptargument dafür wird die wachsende Arbeitslosigkeit[26] sein. Automatisierung und Digitalisierung[19] sind nur aktuelle Bezeichnungen für den schon alten Prozess selbstverstärkter Innovation[43]. Die dadurch erzielte Wertschöpfung ist die wesentliche Triebkraft, die Armut und Leid reduziert hat. Die geschaffene Güterfülle bedeutet sinkende Preise – trotz steigender Geldmenge. Gewiss ist diese Güterfülle nicht gleich verteilt, genauso wenig wie Arbeit. Doch dank steigendem Wohlstand war in den letzten Jahrhunderten immer weniger Arbeit nötig, um sich eine Grundversorgung zu leisten: Im 19. Jahrhundert musste man noch sechs Stunden arbeiten, um sich eine Kerze als Lichtquelle zu leisten. Die Vergünstigung von Licht, Energie, Transport, Nahrung, Medikamenten und vielem mehr ist dramatisch. Der moderne Wohlstand ist aber so selbstverständlich, dass die Dramatik der Veränderung kaum jemandem auffällt.

Automatisierung und Digitalisierung zu belasten, um damit Arbeitsplätze zu erhalten, würde die Produktivität und damit den Wohlstand senken. Dann würde der Massenwohlstand durch mehr, bessere und günstigere Alltagsgüter umverteilt hin zu privilegierten Jobs – vor allem die der Umverteiler[25]. Das Gegenteil wäre besser: Ende der geldpolitischen[20] Umverteilung, sodass die Vergünstigung der Alltagsgüter durch die kommenden Produktivitätsgewinne voll greifen kann und dadurch die Abhängigkeit von Arbeitsplätzen dramatisch zurückgeht.

Kapitel, die auf dieses verweisen: Kap. 16, 26, 28, 32, 43, 44, 49, 51, 57

48. Was ist Freiheit und warum ist sie wichtig?

Freiheit schreibt sich jedes politische Lager auf die Fahnen; Revolutionen und Kriege werden in ihrem Namen ausgefochten. Sie ist allgegenwärtig in Politikerreden, Parteiprogrammen, Verfassungen und Streitschriften. In Europa[2] herrsche die historisch und global höchste je erreichte Freiheit – so sehen viele das edelste Erbe des Subkontinents. Ganz falsch kann das nicht sein, doch ein Begriff, der so viel Zuspruch und so wenig Widerspruch erfährt, mahnt zu Vorsicht. Ein Erbe ist schnell verschleudert, wenn es jenen zufällt, die es weder verstehen noch verdienen.

Freiheit kann man nämlich ganz gewaltig missverstehen: als kostenlosen Anspruch, den jedermann voraussetzungslos einlösen kann, wenn er ihn nur wütend genug einfordert. Realistischer ist es, Freiheit als eine Bürde aufzufassen: als das individuelle Schultern der existenziellen Ungewissheit, in die der Mensch geworfen ist. Die Freiheit, eigenen Zielen zu folgen, ist zugleich die Bürde, falsche Mittel wählen zu können und dafür die Konsequenzen zu tragen. Ein Leben in Freiheit ist notwendigerweise ein Leben in Eigenverantwortung.

Freiheit ist in dieser Hinsicht eine Disziplin, die Übung erfordert. Johann Wolfgang von Goethe hatte es so formuliert: »Wer sich nicht selbst befiehlt, bleibt immer Knecht.« Noch härter ist die Formulierung von Friedrich Nietzsche: »Dem wird befohlen, der sich nicht selber gehorchen kann.«

Individuelle Freiheit setzt die Fähigkeit und Bereitschaft zu Eigenverantwortung voraus und ist daher an die Erreichung einer gewissen Reife gebunden. Die Freiheit ohne Verantwortung hingegen ist eine Scheinfreiheit, welche die alten Römer

»licentia« nannten – im Gegensatz zur echten »libertas«. Licentia bedeutet kindisches »Ich kann tun und lassen, was ich will!« Libertas bedeutet: Ich erfülle meine freiwillig eingegangene Pflicht.

Doch allein dadurch, alle zu Freien zu erklären, verschwindet die Sklavenmentalität leider nicht. Es war der österreichische Psychologe Viktor Frankl, der vor der Einseitigkeit der falschen Freiheit warnte. Deshalb missfiel ihm, dem Freund der persönlichen Freiheit und Gegner des Totalitarismus, jedes einseitige Preisen der Freiheit als »Grundrecht«, das bedingungslos jedem zustünde. Er rief die Vereinigten Staaten[57] dringend dazu auf, analog zur Freiheitsstatue an der Ostküste doch eine Verantwortungsstatue an der Westküste zu errichten, um eine Schieflage zu vermeiden. Ist einer der Flügel lahm, bleibt der Freiheitstraum am Boden.

Eigenverantwortung bedeutet, selbst die Konsequenzen nicht nur der eigenen Verpflichtungen und Versprechen zu tragen, sondern auch der eigenen Fehler und Irrtümer. Sonst verkommt der Menschheitstraum zur Kindheitsphantasie der »sturmfreien« Bude, ohne Aufsicht, aber im Alles-inklusive-Paket elterlicher Ernährungs- und Reinigungskräfte. Eigenverantwortung kann nicht bloß bedeuten, Vater Staat in die Arme zu laufen, nachdem man dem leiblichen entwachsen ist.

Die missverstandene Freiheit gerät dann schnell unter Druck, wenn die geübte Verantwortungslosigkeit zur Verantwortungsunfähigkeit wird. Insbesondere zwei Entwicklungen nähren heute Forderungen, den Individuen immer mehr Freiheiten zu entziehen. Einerseits fallen als Folgen steigender Kurzfristigkeit Fettleibigkeit, Süchte, Narzissmus auf. Andererseits wächst das Unsicherheitsgefühl, obwohl noch nie so viele Menschen in Frieden und Sicherheit lebten wie heute. Der Sicherheit sollen

Privatsphäre und Bargeld geopfert werden, der Gesundheit Wahlfreiheit und Lust.

Die Kurzfristigkeit, auf der einen Seite, ist selbst Folge von Verantwortungslosigkeit: der konsequenten Abschirmung von Menschen vor den Konsequenzen ihres Handelns. Nicholas Nassim Taleb spricht davon, dass immer weniger Menschen »skin in the game« haben – dass sie leben, verwalten, entscheiden, regieren, ohne ihre eigene Haut zu riskieren. Weitere Entmündigung kann die Situation nur verschlimmern. Wenn sich Menschen über andere zu Erziehungsberechtigten aufschwingen, ohne für falsche Ratschläge, irrige Weisungen und übertriebene Verbote geradestehen zu müssen, wächst sowohl bei den Erziehern als auch den Erzogenen die Infantilität.

Das Unsicherheitsgefühl, auf der anderen Seite, wird genährt durch den Schock, dass abseits des Krieges, an den Zentren friedlicher Kooperation, inmitten der größten Vertrauenskulturen[40] plötzlich Massaker hereinbrechen können. Die modernen Massaker, die Amokfahrten, das wahllose Abstechen, die Schulschießereien, treffen die bürgerliche Kultur ins Herz. Sie sind sowohl Symptom als auch Beschleuniger des gesellschaftlichen Vertrauensverlustes. Wer dem Nächsten nicht mehr trauen kann, wird zur friedlichen Kooperation unfähig. Die Alternative zur Kooperation ist allerdings noch mehr Gewalt – das Überwachen, Beschränken, Ausschalten des Nächsten, der nur mehr im furchteinflößenden Sinne nah ist, nämlich zu nah.

Wir sind es gewohnt, unter großen Massen von Fremden zu leben. Dieses Nebeneinander ist von Vertrauen und friedlicher Kooperation geprägt. Das ist allerdings keineswegs selbstverständlich, vielmehr ein modernes Wunder. Das besonders dicht besiedelte Westeuropa war Vorläufer dieser freien Kooperation in großem Stil. Etwas weniger frei, dafür umso dichter, wurde schon früher in Fernost kooperiert. In der Geschichte hatte es davor nur Zwangskooperation im großen Verband oder eben das Miteinander in der kleinen Sippe oder Horde gegeben. Mit der Verdichtung in den urbanen Kooperationszentren ging eine Verbürgerlichung der Menschen einher. Während der Adel noch länger Waffen trug, Duelle focht und Fehdehandschuhe um sich warf, trug der Bürger[60] Werkzeug, flocht Verträge und mehrte Wohlstand. Dafür wurde er vielgeschmäht.

Wo der Bürger[60] kooperiert, benötigt er im Inneren keine Gewalt und kann in Freiheit leben. Doch diese bürgerliche Kooperation entwickelte sich hinter Stadtmauern. Vorbild der bürgerlichen Selbstverwaltung ist die Miliz. Letztere ist auch der Ursprung der Demokratie[61] in diesem meist positiven, aber sehr beschränkten Sinne. Die modernen Illusionen der totalen Demokratie, der totalen Gleichheit und der voraussetzungslosen Freiheit untergraben die Bürgerdisziplin und erweisen sich als völlig unfähig und ohnmächtig angesichts des Vertrauensverlustes und der blutigen Entbürgerlichung. Bürger[60] kommen ohne Herrscher, ohne Zwangsjacken, ohne innere Gewalt aus, weil sie zur Verantwortung fähig sind, für ihre Freiheit gemeinsam Opfer bringen, die Form wahren und die Grenze respektieren.

Die totalitäre Gleichheitsdoktrin kann nur allen oder niemandem Freiheit gewähren. Da sich nicht jeder der Disziplin der Freiheit würdig erweist, bleibt nur der Weg, allen die Freiheit zu nehmen. Vermeintlich zum Schutz der Freiheit wächst in der freiesten aller möglichen Welten wieder die Entmündigung. Der Bürger[60] wird aber nicht dadurch sicherer, dass man ihm das Küchenmesser abnimmt. Er wird zum Kind.

Wenn sich selbsternannte Erziehungsberechtigte schon davon verabschieden, alle Menschen als freiheitsfähig anzusehen, dann sollten sie zumindest so gnädig sein, es einzelnen zu erlauben, sich des Bürgertums wieder würdig zu erweisen. Dürfte man sich das Recht auf spitze Messer, schnelle Autos, eigene Risiken und all die anderen Zeichen der Erwachsenenreife zumindest verdienen? Dürfte man volle Haftung vorziehen und auf Bail-outs, Schutzgesetze und die staatliche Übernahme von Bürgschaften verzichten? Dann wäre die neue Entmündigung zumindest nicht so hoffnungslos.

Unterschiedliche Freiheitsräume je nach selbstgewählter Bürde der Verantwortung, Haftung und Ungewissheit, das wäre der Vielfalt angemessen – ist aber mit dem demokratischen Ideal der politisch Gleichen nicht vereinbar und damit unrealistisch. Die einzige Auflösungsmöglichkeit besteht darin, den Freiheits- und Risikofreudigeren Räume abseits der politischen Strukturen[66] zu bieten. Wenn sich in Europa solche Räume nicht mehr finden, werden immer mehr Freiheitsfreunde fliehen[56] und die vermeintlichen »Demokratien« zu Erziehungslagern für Entmündigte.

Kapitel, die auf dieses verweisen: Kap. 13, 31, 32, 37, 43, 62, 64, 66

49. Ist die Krise nicht eine Chance für Natur und Klima?

Die poetische Naturliebe als Teil der europäischen Identität[4] geht auf die Romantik zurück. Diese war eine Reaktion auf die Dynamik[28] der industriellen Revolution.
 Reaktion ist unvermeidbar. Sie folgt meist auf künstliche Überdehnung, auf ungeduldige Beschleunigung, auf technokratischen Tunnelblick. Sie erinnert den Menschen an seine Natur. Ins Blickfeld der vielen gerät eine Reaktion aber erst, wenn sie selbst überdehnt wird. Wird die »Kritik« zur Massenbewegung, dann hört sie auf, kritisch zu sein.
 Kaum ein Europäer ist gegen Umweltschutz. Wert auf die Landschaft zu legen, auf ökologische Systeme, auf das Wohlergehen anderer Organismen, das ist menschliche Kulturleistung. Vor allem aber ist es eine Folge des Wohlstands. Wenn das Überleben nicht mehr alleiniger Fokus unserer Existenz sein muss, wachsen wir zu neuen Zielen. Diese Ziele werden abstrakter, vielfältiger, mit mehr Platz für sinnstiftende Narrative.
 Natur und Wohlstand[24] zu kontrastieren ist daher Irrtum oder Bluff – und wird vor allem von Ideologen wie Jean-Jacques Rousseau betrieben, der die Parklandschaft der Genfer Villen seiner reichen Gönnerinnen für »Natur« hielt.
 Wirkliche Natur ist – durch ihre Komplexität – auch von beeindruckender Schönheit, für den Menschen aber weit tragischer als gepflegte Gärten, welche die Urlandschaft seiner Evolutionsgeschichte nachbilden, bereinigt von allen Gefahren, die in darwinistischer Gnadenlosigkeit den Menschen erst geformt haben.

Es liegt in der menschlichen Natur, unserer Natur entwachsen zu können. Richten wir uns aus bequemer Rationalisierung oder Neid gegen das Wachstum[50], verwehren wir unseren Mitmenschen und Nachkommen, über uns hinauszuwachsen.
Mithilfe der Geldpolitik[20] »Naturschutz« zu fördern, ist ein zynisches Spiel. Es nutzt zeitgeistige Wunschbilder der Mehrheit als Alibi für Interessen von Minderheiten. Das Resultat ist Zerstörung der letzten Nachhaltigkeit im Wirtschaftssystem[63] im Namen der »Nachhaltigkeit«.
Der aktuelle Fokus auf den Klimawandel ist einerseits Hinweis auf wachsendes Bewusstsein für unsere gegenseitige Abhängigkeit, globale Schieflagen, die Zerbrechlichkeit unserer Zivilisation und die Notwendigkeit von Einigung statt Spaltung[39]. Andererseits zeigt das Thema auch eine Grundstimmung auf, die an die Zwischenkriegszeit erinnert, als sogenannte Inflationspropheten zur Umkehr aufriefen, dabei aber die Aufgabe der Zivilisation für eine idealisierte Natur meinten.
Der Pandemie[8]-Schock hat vorübergehend geleistet, was zuvor politisch undenkbar war: Kein globales Abkommen gegen den Klimawandel hätte eine solche Einschränkung des Reisens und Wirtschaftens bringen können. Wir könnten nun Kosten und Folgen nüchtern bewerten, um abzusehen, ob die Herausforderung des Klimawandels wirklich vor allem eine der Beschränkung und Regulierung ist. Plausibler ist, dass technischer[46] Fortschritt[51] der beste Weg sein wird, schädliche Folgen der technischen und wirtschaftlichen Entwicklung zu mindern, wie es in der Vergangenheit stets der Fall war.

Kapitel, die auf dieses verweisen: Kap. 3, 4, 19, 24, 41, 46, 51, 52, 59, 64, 66

50. Ist die Krise nicht eine Chance, dem Wachstumswahn zu entkommen?

Da exponentielle Entwicklungen[11] als gefährlich gelten, bezweifeln immer mehr Publizisten, dass ewiges Wirtschaftswachstum gut sein kann. Doch die Wirtschaft ist nicht bloß ein Güterhaufen, der in den Himmel wächst. Sie ist ein komplexes System menschlicher Verbindungen.

Die politisch so geliebte und genutzte Statistik, mit ihren BIP-Prognosen, mag den Eindruck erwecken, dass es stets um mehr Geld oder Güter geht. Doch diese Perspektive ist eine selbsterfüllende Prophezeiung. Das BIP hat wenig mit wirklichem Wohlstand[24] zu tun, als geschätzte Summe der Preise bestimmter Güter aber immerhin ein wenig. Mehr Güter sind auch nicht besser als weniger Güter – relevant ist der Kontext, indem diese Güter Wert und Sinn erhalten, oder auch nicht.

Das heutige Wirtschaftssystem[63] zeigt eine Tendenz zu schwindender Nachhaltigkeit. Quantitatives Wachstum kann ein Bluff sein, der Ausweis höherer Geldsummen oder Güterbestände ohne reale Verbesserung menschlichen Lebens. Dieser Bluff wird vor allem durch die Geldpolitik[20] gefördert.

Geringere Geldsummen und geringere Güterbestände sind aber per se noch kein Hinweis auf steigenden qualitativen Wohlstand. Die modische Wachstumskritik ist wahrscheinlich die Rationalisierung einer Verarmung, wie beim Wolf in der Fabel, der nicht zu den Trauben reicht.

Das Leben zu vereinfachen, ist eine intelligente Strategie, um in einer komplexen Welt nicht den Kopf zu verlieren. Doch die Vereinfachung darf kein Selbstzweck sein. Was macht der klare Kopf, der sich von Besitztümern trennen kann? Kehrt er zum Primaten zurück, bei dem sich der ganze Tag nur um Fressen und Beischlaf dreht? Oder hebt er sich zum freien Menschen empor, der höhere Ziele erreichen kann, weil er andere als unbefriedigend erkannt hat und nun in neuer Klarheit an besseren Mitteln mitwirkt – und damit Triebfeder des Fortschritts[51] wird?

Kapitel, die auf dieses verweisen: Kap. 11, 22, 24, 46, 49, 58, 62

51. Ist Fortschritt immer gut?

Freunde und Feinde des Fortschritts sehen diesen meist als Veränderung, die sie wünschen oder ablehnen – je nachdem, ob sie die Vergangenheit höher schätzen als die Gegenwart und ungewisse Zukunft oder die Vergangenheit und Gegenwart so verachten, dass ihnen jede Zukunft lieber ist. Beides greift zu kurz, denn klarerweise gibt es gute Veränderungen und schlechte Veränderungen sowie Veränderungen, deren moralische Bewertung ohnedies sinnlos ist.

Fortschritt hat einen moralischen Klang. Es ist besser, diesen klar hervorzuheben: Können Menschen zu einer Besserung voranschreiten, gibt es Hebungen des menschlichen Daseins und spielt Technik[46] dabei eine positive oder negative Rolle?

Der Mensch ist ein Primat, aber eben ein besonderer. In der Menschheitsgeschichte gab es mehrfache Hebungen: Eine Selbstbeschleunigung, die wohl mit der Hirnentwicklung zusammen verlief, machte den Menschen zum sozialen Wesen mit besonders hoher Kooperationsfähigkeit. Die damit verbundene Sprache führte zur Kulturentwicklung.

Die menschliche Natur ist nicht gut oder schlecht, sie ist eine Anlage. Kultur[45] ist eine Hebung des menschlichen Potenzials, die aus dieser Anlage so viel mehr herausholt und den Menschen in gewisser Hinsicht von seiner Natur[49] emanzipiert ohne sie zu negieren.

Technik[46] ist eine Facette der Kulturentwicklung, die in der Neuzeit – selbstbeschleunigter Innovation[43] – in besonders dramatischer Weise auf die Natur rückwirkt. Das ist gut, weil es das menschliche Potenzial hebt und damit die einzige Möglichkeit darstellt, konstruktiv mit den ausgelösten Veränderungen umzugehen, bis hin zu ihrer Kanalisierung, Korrektur oder Hemmung. Ohne Technik könnten wir auch die Technikfolgen nicht bewältigen.

Positiver Fortschritt ist das Gegenteil von lebensleerer Lethargie, der Lebenstrieb des Eros statt der Todestrieb des Thanatos, die Grundlage menschlichen Handelns zur Verbesserung von uns selbst und der Welt. Fortschreitend ist die Dynamik[28] des Lebens, Stillstand der Tod. Fortschritt kann aber auch ein Schritt zurück sein – aus Fehlern und Sackgassen.

Kapitel, die auf dieses verweisen: Kap. 24, 28, 36, 46, 49, 50, 59, 63

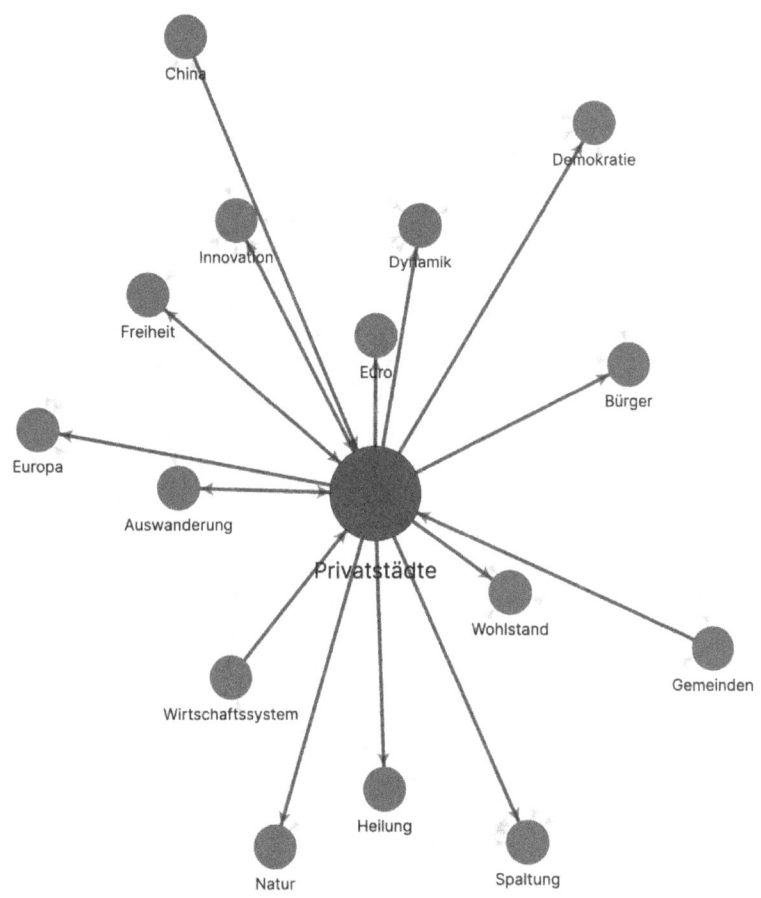

52. Zeigt die Krise nicht die Probleme der Globalisierung?

Globalisierung bezeichnet verschiedene Phänomene. Einerseits die Zunahme der Verbindungen zwischen Menschen. Diese Art von Globalisierung wurde technisch und politisch begünstigt. Technisch durch die Erschließung der Welt durch Transportwege, wobei Internet[19] und die Revolution der Billigflüge die größte Wirkung hatten. Politisch durch die Pax Americana, den ungewöhnlichen Weg der letzten verbliebenen Weltmacht USA[57], im Gegensatz zu älteren Imperien den Freihandel auch anderer Nationen militärisch zu schützen und selbst offen für Güter zu bleiben, die mit der eigenen Industrie konkurrieren.

Andererseits ist Globalisierung ein Prozess kultureller und intellektueller Angleichung, der nicht notwendig aus der Zunahme der Verbindungen folgt. Die kulturelle Angleichung füllt oft ein Vakuum: Eine offensive, dynamische, technisch innovative Pop-Kultur, meist aus den USA[57], verdrängt dann leicht behäbige, verstaubte und delegitimierte lokale Volkskultur. Die intellektuelle Angleichung zeigt ähnliche virale Muster[42], weil die digitale Aufmerksamkeitsbewirtschaftung wenige Geschehnisse – etwa inneramerikanische Konflikte – zu Weltthemen aufbläst.

Globalisierung, Bevölkerungszunahme und wirtschaftliche Entwicklung begünstigen die Verbreitung von Viren aller Art. Doch mehr Verbindungen zwischen mehr Menschen, die mehr Wohlstand schaffen, erhöhen auch die Mittel, Epidemien medizinisch und technisch in den Griff zu bekommen. Ohne Innovation[43] wären wir Seuchen hilflos ausgeliefert, denn diese sind Teil der Natur[49].

Globalisierungsgegner richten sich gegen die Symptome, gegen reale Probleme, die tieferliegende Ursachen haben: Einerseits eben kulturelles Vakuum als Kluft zwischen einer snobistischen Geltungskultur und der Popkultur der breiten Massen. Die Ablehnung richtet sich eigentlich gegen die breiten Massen, ist also Erkennungszeichen einer Elite. Andererseits ist die Globalisierung in ihrer Dynamik leider nicht nur (aber doch zum großen Teil) ein Bottom-up-Phänomen, das spontan aus dem Handeln und den Wünschen der vielen hervorgeht. Die Globalisierung wird durch die Geldpolitik[20] überdehnt, und diese Übertreibung der Dynamik und Entkopplung von individuellen Präferenzen führt zu entsprechenden Reaktionen.

Doch es waren nicht die Kampagnen von Globalisierungsgegnern, die letztlich zu einer *Umkehr* der Globalisierung führten. In den USA[57] machte sich der Eindruck breit, dass die Kosten dieser Weltordnung nicht mehr in Relation zu ihrem Nutzen für die USA stehen. Zudem zeigt der relativ freie Welthandel die Schieflagen der Geldpolitik[20], mit Entwertungswettbewerben, die Güterströme teilweise von den Wünschen der Menschen entkoppeln und zu einem Konflikt zwischen China[58] und den USA[57] geführt haben.

Kapitel, die auf dieses verweisen: Kap. 2, 9, 10, 17, 19, 28, 32, 35, 45, 60

53. Haben Institutionen versagt?

Es ist leicht, im Nachhinein als Besserwisser aufzutreten. Doch an Institutionen[53] ist ein höherer Maßstab anzulegen, da sie kollektiv organisiertes Handeln, oft mithilfe von Zwang, bedeuten und daher ihre Fehler wesentlich teurer sein können. Wenn Institutionen ihre Zwecke nicht erfüllen, muss man entweder die Zwecke oder die Institutionen hinterfragen.

Institutionalisierung ist ein Prozess, bei dem Regeln, Tabus, Rituale, Geldflüsse und Beziehungen eine Struktur erhalten – das heißt unabhängig von einzelnen Personen dauerhafter, gewohnter, berechenbarer werden. Institutionen entlasten Einzelmenschen und erleichtern Kooperation. Kooperation ist allerdings kein Selbstzweck, und nicht alle Zwecke der Kooperation sind gute.

Das Problem von Institutionen liegt in ihrem Vorteil: Sie entlasten Individuen. Diese Entlastung ist notwendig und hilfreich, doch eben auch eine Entlastung von individueller Verantwortung. Das schafft schlechte Anreize. Ist man sich ihrer bewusst, sprechen sie nicht gegen Institutionen. Verbinden sie sich jedoch mit Gewalt oder auf Gewalt gestützten Strukturen, so werden diese schlechten Anreize noch weiter verstärkt.

Institutionen unterscheiden sich von »Verschwörungen« dadurch, dass sie nicht von den Plänen Einzelner abhängen, wiewohl natürlich Einzelne mit ihren Plänen überproportionalen Einfluss auf die Entwicklung einer Institution haben können.

Effektives Handeln erfordert Antizipation – auf die Zukunft gefasst zu sein – und Handlungsfähigkeit. Wenn Institutionen versagen, können sie sich oft darauf berufen, nicht handlungsfähig genug gewesen zu sein, weil ihnen Macht fehlt. Dieses Argument ist höchst gefährlich, denn es führt in jedem Fall zur weiteren Ermächtigung – und dient vor allem dem Eigeninteresse jeder Institution[53]: Ausdehnung. Diese Tendenz ist verwandt mit dem »Gesetz vom Vakuum«, einer Verallgemeinerung des Parkinsonschen Gesetzes: Die durch menschliches Versagen entstandene Leere wird stets durch neue Tätigkeit wieder ausgefüllt.

Gewiss waren die zwei EU[5]-Kommissare, die für die Pandemie[8] zuständig waren – ein slowakischer Diplomat und eine griechische Psychologin – relativ machtlos. Doch es gibt seit 2005 eine eigene Frühwarn-Behörde für Seuchen, das ECDC, mit einem Jahresbudget von 60 Millionen Euro.

Die Nationalstaaten sind zwar deutlich handlungsfähiger, doch das mehrt freilich auch den durch sie verursachten Schaden. Besser vorbereitet war kaum ein Nationalstaat in Europa, viele waren einfach nur billiger unvorbereitet.

Wenn es eine Kernaufgabe des Staates geben sollte, dann ist sie der Schutz vor Bedrohungen, die Individuen, freiwillige Organisationen und Unternehmen überfordern könnten. Kriege und Epidemien würden am ehesten dazu zählen. Bei Kriegen wissen wir aber, dass Staaten sie eben auch verursachen. Hypothesen, dass diese Epidemie verursacht sein könnte, halte ich für unbelegt und ideologisch motiviert und lehne sie daher ab. Doch die Schuld an der massiven Ausbreitung ist einerseits bei der Informationsunterdrückung des chinesischen Staates zu suchen. Andererseits, wie sich eben zeigt, beim erschreckenden Versäumnis westlicher Staaten.

Der panische Aktivismus[12] nach dem Schock[9] hat wahrscheinlich den Schaden vergrößert. Vor allem hat er aber die Europäische Union[5] als Schönwetterveranstaltung entblößt.

Unter Druck waren plötzlich die Grenzen zu, raubten Nationalstaaten einander Schutzausrüstungen und die verquere Logik, von kleinen Regionen auf ganze Nationen zu schließen, dominierte nicht nur die Politik, sondern auch die Medien[41].
Das zeigt eben, dass Budgets und Posten – die äußere Hülle von Institutionen – wenig mit ihrer Zweckerfüllung zu tun haben. Technokratische Politiker hoffen darauf und arbeiten daran, dass diese vermeintliche »Krise« für eine weitere Ermächtigung missbraucht werden kann. Dabei nutzen sie das falsche Dilemma, als einzige Alternative zur Inkompetenz und Kleingeistigkeit nationaler Politiker die Selbstüberschätzung supranationaler Technokraten zu sehen. Doch Europa[2] ist nicht China[58]. Nicht nur eine Tradition von Demokratie[61] und Dezentralismus steht dem in Europa entgegen, sondern vor allem die weit geringere Kompetenz der auf die EU[5]-Ebene weggelobten Politiker im Vergleich zu den zynischen, aber strategischen Technokraten der »Kommunistischen« Partei Chinas.

Kapitel, die auf dieses verweisen: Kap. 5, 6, 7, 8, 9, 16, 23, 29, 30, 35, 38, 40, 41, 44, 59, 60, 62

54. Warum sind wir in einer Interventionsspirale?

Interventionen[12] sind Versuche, auf nicht völlig verstandene Abläufe im Nachhinein von außen zu reagieren. Die moderne Medizin arbeitet erfolgreich mit Interventionen, doch kann sie dabei nicht wie ein Ingenieur an einer Maschine arbeiten, sondern hat es mit einem lebenden hochkomplexen System zu tun. Dabei sind Auswirkungen von Eingriffen niemals mit Gewissheit vorherzusehen. Manchmal sind die Folgeschäden von Interventionen größer als die Ursprüngsschäden, die sie motiviert haben. Dann sind neue Interventionen nötig. Im schlimmsten Fall kommt es zu einer Spirale, die besonders bei alten Menschen vom leichten Bruch über im Spital erworbene Infekte bis zum Tod führt.

Gesellschaft und Wirtschaft sind noch komplexere Größenordnungen als der Körper eines Menschen. Es handelt sich um die dynamische Interaktion von Milliarden in unterschiedlicher Weise verbundenen Akteuren, die selbst wieder hochkomplexe Systeme sind und in oft unvorhersehbarer Weise agieren und reagieren. Das macht Interventionsspiralen noch wahrscheinlicher als in der Medizin. Daher sollte auch die Demut größer sein – doch das Gegenteil ist der Fall.

Besonders eine Art von Interventionen hat sich als vermeintliches Allheilmittel erwiesen. Diese Interventionen sind billig, fast unbeschränkt verfügbar und die Nebenwirkungen so entfernt, dass sie meist unsichtbar bleiben. Es handelt sich um geldpolitische[20] Interventionen, vor allem das Aufkaufen von Schuldtiteln durch Geldschöpfung aus dem Nichts.

Die entfernten Nebenwirkungen sind steigende Ungleichheit durch Inflation der Vermögenswerte und Begünstigung der Erstempfänger, wachsende Verzerrung der Wirtschaft durch Veränderung relativer Preise und Begünstigung von »Zombie«-Unternehmen (solchen, die nur dank sinkender Zinsen solvent geblieben sind), wachsende Spaltung[39] der Gesellschaft, Nähren von Blasen[18] und Anheizen geopolitischer Spannungen durch Entwertungswettbewerb, um nur einige zu nennen. All diese Nebenwirkungen legitimieren weitere Interventionen[12], allen voran wiederum die einfachsten: eben geldpolitische. Diese Interventionsspirale führt zur Nullzinsfalle, dem maximalen Ausschöpfen der Geldpolitik bis hin zur letzten Konsequenz in der MMT[21].

Interventionsspiralen führen zu einem künstlichen Koma von Wirtschaft und Gesellschaft: Das verbliebene Leben hängt an immer mehr Schläuchen, während kritisches Bewusstsein und dynamische Interaktion schwinden und durch sinnleere Alternativlosigkeit ersetzt werden. Weite Teile Europas könnten in so einer Interventionsspirale enden[6], bis nur noch Zuteilungsempfänger und zuteilende Funktionäre von Gewicht sind, die nur eint, dass sie an ähnlichen Schläuchen hängen, über die zunehmend virtuelle Liquidität und Legitimität fließen.

Kapitel, die auf dieses verweisen: Kap. 6, 12, 17, 20, 23, 27, 30, 31, 34, 36, 55, 62

55. Warum drohen Kapitalverkehrskontrollen?

Kapitalverkehrskontrollen sind die logische Folge der Interventionsspirale[54] in der Geldpolitik[20]. Einerseits herrscht seit geraumer Zeit im Euro[23]-Raum eine wahre Kapitalflucht aus den traditionellen Weichwährungsländern in die traditionellen Hartwährungsländer. Dies drückt sich unter anderem in den wachsenden Target2-Salden in der Bilanz der deutschen Bundesbank aus. Es fließt wesentlich mehr Geld in deutsche Anleihen[34] als aus Deutschland ins Ausland. Die »Bunds« sind höchster Bonität und damit die relativ sicherste und liquideste Anlageform Europas.

Sobald die Geldpolitik[20] die Stufe des »whatever it takes« (»was auch immer nötig ist«) erreicht, suchen rationale Anleger nach Alternativen, die knapper sind als die unbeschränkte Geldmenge. Das erhöht die Preise der Vermögenswerte und drückt den Wechselkurs, insbesondere zu traditionellen Fluchtwährungen wie dem Franken. Die Schweizer Nationalbank sah sich zur Kursstabilisierung auf Druck der Schweizer Exportindustrie (und zu Lasten der Schweizer Sparer) genötigt, die Geldmenge ebenso auszuweiten und Devisenwerte zu kaufen. Damit wurde sie de facto zu einem riesigen Fonds, der vor allem europäische und amerikanische Aktien[33] und Anleihen[34] hält.

Sobald das Vertrauen[40] in die Stabilität sinkt, weil die Interventionen[12] nicht Schritt halten können, kann eine Selbstverstärkung[11] einsetzen – ein Schaltersturm in den Banken oder gleich Kapitalflucht aus dem Euro[23]. Letzteres ist kein Horrorszenario, sondern die logische Folge, wenn eine Spaltung des Euro als Möglichkeit erwogen würde – wahrscheinlich dann, wenn Regierungen in Weichwährungsländern eine Drohung wahr machen, weil sie nicht genügend schnell neue Liquidität erhalten.

Kapitalverkehrskontrollen gibt es schon lange in der EU[5], sie werden nur nicht als solche erkannt oder bezeichnet. Im weiteren Sinne handelt es sich um jede regulatorische oder fiskalische Intervention[12], die den Tausch von bestimmten Vermögenswerten gegen andere unterbinden soll. Wenn die Versuche europäischer Anleger, amerikanische Titel zu erwerben, in den letzten Jahren vereitelt wurden, dann war der Hauptgrund nicht irgendein dezidiertes Verbot, sondern die Erschwernis steigender »Compliance«. Diese hat also dieselbe Folge wie Kapitalverkehrskontrollen – und hier mag auch ein Grund ihrer Zunahme liegen, neben der Selbstbeschäftigung nicht-wertschöpfend tätiger Menschen. Neben all den Formen der »Compliance«, die zunehmend einschränken, wie Menschen ihre eigenen Ersparnisse nutzen dürfen, kontrolliert auch die steuerlich ungünstigere Behandlung bestimmter Anlagen den Kapitalverkehr. Auch die Einziehung großer Geldscheine, die Unterbindung höherer Barzahlungen und der Weg zu digitalem Zentralbankgeld anstelle von Bargeld sind Maßnahmen der Kapitalverkehrskontrolle. So auch der Identifizierungszwang bei immer niedrigeren Goldkäufen und die regulatorischen Einschränkungen im Bereich alternativer Anlagen.

Die Politik schreckt vor direkten Verboten zurück, deshalb ist ein Bargeldverbot auch nicht so bald realistisch. Sie arbeitet lieber mit der Salamitaktik. Am Ende steht der chinesische Weg. China[58] hat nicht aus totalitärem Wahn Kapitalverkehrskontrollen, sondern aus der pragmatischen Notwendigkeit, dass eine Geldpolitik, die den risikoaversen Sparer zugunsten der Exportindustrie teilenteignet, einfacher ist, wenn dieser Sparer wenig Alternativen hat. Die aus seriöseren Anlagen verdrängten risikofreudigeren Anleger in China zieht es daher in die verrücktesten Anlageformen: etwa Pyramiden von P2P-Krediten mit Wucherzinsen und fiktive »crypto tokens«. Auch in Europa hat die regulatorische Verunmöglichung oder massive Verteuerung von Blockchain-basierten Finanzierungsformen für Unternehmen (»security tokens«) zur Verlagerung hin zu pyramidenspielartigen digitalen Gutscheinsystemen (»utility tokens«) geführt.

Kapitalverkehrskontrollen können Dynamiken also kaum stoppen, sondern leiten sie nur um. Je stärker eingesperrt die Ersparnisse werden, desto eher suchen sie heikle und teils unproduktive Schlupflöcher und desto eher flüchten[56] die Sparer. Das ist der Hauptgrund, warum so viele tüchtige Chinesen China[58] verlassen wollen, obwohl dort doch die größte Dynamik herrschen müsste.

Kapitel, die auf dieses verweisen: Kap. 13, 21, 23, 25, 30, 31, 35, 37

56. Ist Auswanderung aus Europa nicht unsolidarische Resignation?

Immer mehr junge und unternehmerische Europäer denken über Auswanderung nach. Das scheint zunächst absurd, wenn man sich vergegenwärtigt, wie viele junge Menschen aus aller Welt ihr Leben riskieren würden für das Privileg, in Europa zu leben.

Die Motivationen sind jedoch gegengleich: Immer mehr Auswanderer wollen der Steuerlast in Europa entkommen, immer mehr Einwanderer wollen an den Sozialsystemen partizipieren – es geht also um Umverteilung[25]. Sich dieser zu entziehen, nachdem man in Europa aufgewachsen ist und womöglich Bildung[44] genossen hat, erscheint vielen als unsolidarisch.

Solche Moralisierung wird die Tendenz aber nicht umkehren. Ihr durch politische Interventionen[12] zu begegnen, würde darin enden, Europa durch einseitige Mauern zu umgeben: Jeder darf hinein, niemand darf hinaus. Solche Strukturen nennt man Fallen.

Für die Entwicklung Europas war es besonders wichtig, dass es geschützte Randlagen gab, in die sich Menschen zurückziehen konnten, wenn ihnen Verfolgung, Plünderung oder Erstarrung ein produktives Dasein verunmöglichten. Einige der reichsten Orte Europas entstanden in solchen Zufluchtswinkeln.

Heimatliebe kann nicht nationale oder supranationale Gefängnisse bedeuten. Dem Umfeld etwas zurückzugeben, dem man sich verbunden fühlt, ist edel. Doch dazu muss man erst etwas aufbauen. Noch sind europäische Städte sehr attraktiv[3] für jene, die schon etwas aufgebaut haben und nun konsumieren. Doch wer Vermögen erst aufbauen will, den drängt es eher fort – in Europa werden Vermögen eher geerbt als erworben.

Um die Tendenz umzukehren bräuchte es mehr Grenzland für Pioniere in Europa, Sandkisten (»sandboxes«), in denen freier gen Himmel gebaut werden kann. Sonderzonen am Rande Europas oder gar im Herzen würden es erlauben, trotz ängstlicher Zustandsbewahrung der Mehrheitsbevölkerung das bisschen Platz zu schaffen, das für die dynamischeren Minderheiten wichtig ist. Freie Privatstädte[66] würden das Unmögliche erlauben: Dynamik[28] in Eigenverantwortung, ohne vorher die Erlaubnis von allen organisierten Interessen einholen zu müssen.

Kapitel, die auf dieses verweisen: Kap. 7, 25, 30, 32, 34, 37, 48, 55, 57, 66

57. Steht Europa heute besser da als die USA?

Mit den meisten Pandemie[8]-Toten, bürgerkriegsartigen Zuständen und einem wirren Präsidenten bieten die USA ein erbärmliches Bild. Dieses Bild bestärkt die europäische Identität[4]. Auch die überraschende Stärkung des Euro[23] gegenüber dem Dollar drückt aus, dass der Vergleich zugunsten des alten Kontinents ausgehen könnte.

Vergleiche sind jedoch oft keine guten Messlatten, sondern grundsätzliche Denkfehler mit verheerenden Folgen. Wie gesund oder ungesund mein Nachbar ist, sollte keine Auswirkung darauf haben, wie gesund ich lebe. Es bringt mir nichts, nur halb so krank zu sein. Es ist vielmehr der Vergleich, der mich kranker macht, weil er eine bequeme Ausrede bietet. Zudem sollten wir unserer Wahrnehmung bei solchen Vergleichen am wenigsten trauen, denn wir sehen eher den Splitter im Auge unseres Nächsten als das Brett vor dem eigenen Kopf.

So ist auch die europäische Wahrnehmung der USA konditioniert durch Wunschbilder der Identität[4]. Der Schock[9] in Europa nach der Wahl Trumps zeigt eben auch mangelndes Verständnis, und die übergroße Einigkeit der Ablehnung könnte in ihrer Geschlossenheit wieder ein Hinweis auf eine Blase[18] sein.

Auch in Europa eskaliert Gewalt auf der Straße, immer öfter auch in Folge digitaler Verstärkung. Die Straßenschlachten in den USA sind so wenig Ausdruck eines exponentiellen Anstiegs von Rassismus wie der Schulstreik, der das Thema Klimawandel erfolgreich ins Zentrum der öffentlichen Aufmerksamkeit rückte, ein Hinweis auf exponentielle Umweltschädigung in Schweden ist.

Die hohen Totenzahlen in den USA entstanden vor allem durch die dichten Zusammenballungen von Menschen mit Vorerkrankungen wie Diabetes. Der durchschnittliche Europäer lebt und ernährt sich gesünder als der durchschnittliche Amerikaner, die Dynamik weist aber auch in Europa in eine ähnliche Richtung. Der exponentielle Konsum von minderwertigen, synthetisierten Kohlenhydraten war gewiss eine schlechte Dynamik. Die Innovationskraft in der Landwirtschaft hat allerdings auch den Welthunger drastisch reduziert, und die Überdehnung des Kohlenhydratkonsums wurde durch falsche Empfehlungen auf der Grundlage wissenschaftlicher Autorität[16] legitimiert, die einem staatlichen Zweck folgten: Massenversorgung nach dem Krieg.

Der Vergleich zwischen USA und Europa ist zu komplex, denn feine Unterschiede bei vielen Ähnlichkeiten sind herauszuarbeiten. Er führt uns in Europa auch nicht weiter. Selbst wenn es politisches Versagen bei der Pandemie gegeben hat, so ist doch die Folgenbewältigung, auch in Europa, vor allem auf Innovation[43] angewiesen, und da hat Europa von seinen verstoßenen Söhnen jenseits des Atlantiks heute mehr zu lernen als umgekehrt.

Die USA zeigen zwar größere negative Dynamik[28] als Europa: stärkere Digitalisierung[19] und wirkmächtigere Marken der Bildung[44] und Medien[41], was noch explosivere Spatung[39] der Gesellschaft bedeutet. Die USA kranken an ihrem Privileg: Dollar als Leitwährung bedeutet in der einer Zeit der Monetisierung von Schulden[22] nahezu unbeschränkte Nachfrage nach US-Schuldtiteln. Dieses »Exportprodukt« dominiert dann zulasten jeder anderen amerikanischen Industrie, nicht zuletzt aufgrund der Wirkung jener Nachfrage auf die Wechselkurse.

Doch auch die positive Dynamik ist größer, und die braucht es letztlich, um mit den negativen Entwicklungen der Zeit fertigzuwerden. Europa kann sich keiner dieser Entwicklungen auf Dauer entziehen, die extrem starke Prägung durch den amerikanischen Diskurs spiegelt nahezu jeden Unsinn[42] als lahmen Abklatsch.

Das Nachkriegseuropa hatte die positive Dynamik der dramatischen Erhöhung der Lebensqualität[3], vor allem durch neue Haushaltstechnik, gleichmäßiger und langsamer aufgeholt. Die staatliche Konzentration der USA auf die Entwicklung militärischer Hochtechnologie, wie etwa im *Manhattan Project* gilt den meisten Beobachtern als Grund der höheren Dynamik. Auch das *Silicon Valley* sei letztlich eine Spätfolge staatlich-militärischer Mittelkonzentration.

Diese These ist wenig plausibel, da das europäische Aufholen nur möglich war, weil es einen dramatischen Rückgang der Produktivitätszuwächse in den USA gab. Die Dynamik blieb stets höher als in Europa, aber sie ist viel ungleicher verteilt, und der Rückgang ist so auffällig, dass in den USA von der »Großen Stagnation« die Rede ist. Die Dynamik des *Silicon Valley* führte kaum zu Produktivitätswachstum, sondern überwiegend zu neuen digitalen Konsummöglichkeiten – und auch diese Dynamik stagniert gerade, mit deutlicher Abwanderung von Unternehmen.

Wie einst in Preußen war der positive Antrieb der technisch-wissenschaftlichen Entwicklung vor allem auf eine geänderte gesellschaftliche Einstellung zurückzuführen, die – leider aus Kriegseifer – zu Hochachtung für den Ingenieur und den Wissenschaftler führte. Dabei war es viel wesentlicher, dass diese Personen vorhanden waren – in den USA überraschend viele Europäer, die ausgewandert[56] waren – als dass staatliche Budgets Mittel konzentrierten. Budgets schaffen keine Genies und verändern keine gesellschaftlichen Einstellungen, sondern spiegeln gewandelte gesellschaftliche Einstellungen wider. Der militärisch-industrielle Komplex der USA war Ausdruck der Hochachtung für Technik[46], doch zugleich – angetrieben durch inflationäre Geldpolitik[20] dank des Leitwährungsstatus – Ausdruck der Verzerrung der Dynamik hin zu extremer Ungleichheit und weg von den langfristigen Präferenzen der Menschen hin zu kurzfristigen Zwecken von Politik und Konsum. Als Nutznießer amerikanischer Dynamik, ohne die vollen Kosten dafür zu tragen, sollte Europa allerdings nicht allzu stolz auf größere Ausgeglichenheit sein. Im Windschatten segelt es sich leichter.

Kapitel, die auf dieses verweisen: Kap. 1, 2, 4, 8, 19, 21, 35, 37, 45, 48, 52

58. Wird uns China überholen?

Da China zu kontrollieren versucht, was über das Land nach außen dringt, und sich die meisten Europäer lieber die Informationen herauspicken, die das Wohlgefühl in ihrer Blase[18] erhöhen, hat sich folgende Wahrnehmung herausgebildet:
Europa[2] sei das Vorbild für China: wohlhabend und hoch entwickelt, lebenswert und geeint. Die größte Gefahr für Europa bestehe darin, von ihrem Nachahmer China überholt zu werden. China überhäufe uns zu unserem Nachteil mit Billigprodukten und bereichere sich so an Europa. Daher brauche es in Europa noch mehr Einigung und Entschiedenheit, um sich als Vorbild zu behaupten und China zu Demokratisierung und Menschenrechten zu bewegen.

Die Realität sieht anders aus, sie ist nahezu das glatte Gegenteil: China ist (zumindest für einige) das Vorbild für Europa: ein zentralistisches Regime, das von kompetenten Technokraten effizient geführt wird und ein Wachstumswunder geschaffen hat. Dieses Regime verteilt den Wohlstand um, aber von seinen eigenen Bürgern hin zur chinesischen Exportindustrie, den Importeuren chinesischer Produkte und den Zielländern der Infrastrukturprojekte, um Wachstum[50] zu produzieren – mit dem Ziel des Machterhalts. Die größte Gefahr für Europa besteht darin, so zu werden wie China.

China ist insgeheim Vorbild, nicht offiziell. Es betreibt eine Geld- und Wirtschaftspolitik[29], der Europa aus vermeintlicher Alternativlosigkeit folgt. China ist aktuell das Erfolgsmodell eines starken Staates[62] mit unbeschränkter Geldschöpfung[20] und politischer Kreditzuteilung, das Intellektuelle in Europa allzu oft als Zukunftsmodell sehen. Das liegt nicht an

Chinabewunderung, sondern an der universellen Erwartung von Intellektuellen, in einer Planwirtschaft als planende Köpfe das Sagen zu haben. In der Realität stellen Planwirtschaften Intellektuelle stets an die Wand, so auch das maoistische China. Nicht nur die meisten Chinesen, auch die meisten Europäer gehen wohl davon aus, dass uns China bald überholen wird. Die Dynamik[28] ist zweifellos viel höher. Doch es ist zu einem Teil die negative Dynamik einer sinnleeren und verzerrten Wirtschaft, die Wachstum ohne Wohlergehen schafft. Zum anderen Teil zeigt China natürlich eine positive Entwicklung, die eine riesige Menschenzahl aus schrecklicher Armut geführt hat. Doch diese Entwicklung ist durchwegs Nachhol-Wachstum. Die Armut war eine Folge historischer Fehlentscheidungen eines zentralistischen Systems, wie zuletzt der »Kulturrevolution«.

Dieses Nachhol-Wachstum ist keineswegs selbstverständlich, und die Leistungen der Chinesen sind bewundernswert. Unter Abstiegsdruck und durch ein rares Positivbeispiel – Singapur – zur Kehrtwende bewogen, ordnete die Kommunistische Partei alles dem Wachstum[50] unter: Das bedeutete mehr unternehmerische Freiheit, aber auch massive geldpolitische[20] Interventionen[12].

China wird Europa nur dann überholen, wenn der Niedergang[6] Europas dramatischer wird als ich es für realistisch halte. Sonst wird China bald von den Folgen eines strategischen Fehlers eingeholt werden: Das rasante Nachhol-Wachstum hat zu Hochmut geführt. Der Aufbau militärischer Kapazität war ebenso rasant, und nun möchte China eine seiner Größe angemessene Rolle in der Weltpolitik spielen. Damit wiederholt China die deutsche Geschichte: Deutschland war durch zentralistische Kreditpolitik, Industriespionage und Fleiß das

Wachstumswunder des 19. Jahrhunderts – mit all den Verzerrungsfolgen dieses Wachstumspfads. Der Erfolg stieg zu Kopf und führte beim Bürgertum zu hitzköpfigem Militarismus und Rassismus, der die restliche Welt gegen die Deutschen aufbrachte und ihren Niedergang unter entsetzlichen Opfern besiegelte.

China schlägt ein zunehmend harter Wind entgegen. Die Führung reagiert immer panischer. Das ist kein gutes Umfeld für jene Innovationskraft[43], die nötig wäre, um das Wachstum ins Qualitative und Nachhaltige zu führen. Die interessanteste und dynamischste Stadt Chinas – Hongkong – wurde bereits schwer ramponiert, sodass die Rede davon ist, den Bürgern Hongkongs ein Refugium in einer Freien Privatstadt[66] zu bieten, damit sie ein zweites Wachstumswunder schaffen können.

Als Vorbild für Europa taugt China wenig, denn die EU[5] könnte nur dann eine ähnlich kompetente technokratische Elite zur Herrschaft führen, wenn auch der letzte Anspruch auf Demokratie[61] aufgegeben würde, wodurch kein Funken Legitimität mehr bliebe. Und auch die größte Kompetenz und die größte Geeintheit einer Elite kann auf dem Weg der modernen Finanzalchemie nur vorübergehend goldenen Glanz erzeugen, irgendwann ist durch die Verzerrungen, den Mangel an Mitte, den Hochmut und das kulturelle[45] Vakuum der Lack ab.

China ist eine Blase[18], die entgegen vieler Prognosen nie zu platzen scheint. Es zeigt all die Vorzüge moderner Geldpolitik[20], aber eben auch deren Nachteile. China ist das Erfolgsmodell für jene Politik, der Europa nacheifert – das dabei jedoch die eigenen Vorzüge verlieren wird, ohne jemals diesen Erfolg zu erzielen. Folgende Zutaten fehlen Europa: Erstens, die Vereinigung aller Staatsgewalt in der Hand einer zentral und hierarchisch geführten Technokratie, einer Managerklasse, die einen Subkontinent wie einen Konzern führen kann, nur eben mit völliger Gewalt über die Existenz der »Mitarbeiter«. Zweitens, die Sparsamkeit und Leistungsbereitschaft einer Bevölkerung, die nach materieller Verbesserung hungert. Drittens, die Aufnahme unternehmerischer Talente in die politischen Planungsstäbe und der Vorzug von praktischer Industrieerfahrung gegenüber Intellektuellen, von technischen Fertigkeiten gegenüber Geistes- oder Kulturwissenschaft oder gar Publizistik. Viertens, ein Überwachungsstaat, der den Kapitalverkehr wesentlich einschränken kann und der Bevölkerung die Früchte ihrer Sparsamkeit und ihres Fleißes zum großen Teil vorenthält.

Kapitel, die auf dieses verweisen: Kap. 2, 8, 10, 27, 37, 41, 43, 46, 52, 53, 55, 62

59. Ist dieses Buch links oder rechts?

Die Kurzformel erlaubt schnelle Kategorisierung und würde damit das Lesen ersparen. Man kann heute bei allen großen Themen aufgrund der gesellschaftlichen Spaltung[39] bald dominante Erzählungen und Gegen-Erzählungen erkennen. Es genügt die Zuordnung, um schon die Schlüsse vorherzusagen – womit man sich die Auseinandersetzung ersparen kann. Das ist meistens korrekt: In aller Regel kommen zuerst die Schlüsse und dann erst die Argumente zur Rationalisierung und Bewerbung dieser Schlüsse.

Links und rechts sind allerdings politisch-historische Assoziationen, die mehr Verwirrung stiften als auflösen. Die meisten behelfen sich damit, nach einem Freund-Feind-Schema vorzugehen. Das ist natürlich eine Möglichkeit: Hier, die Guten, die meistens recht haben – dort die Bösen, die meistens falsch liegen. Ganz symmetrisch ist die Sache im deutschsprachigen Raum allerdings nicht, denn »rechts« sind die Nazis und damit alles, von dem sich heutige Deutsche und Österreicher freimachen müssten.

In der gesellschaftlichen Spaltung geht es vorwiegend um Vertrauen[40]. Die einen vertrauen überwiegend den Institutionen[53], die anderen misstrauen ihnen. Institutionen sind die Basis einer Gesellschaft, werden sie leichtfertig untergraben, so ist es nachvollziehbar, das als feindlichen Akt zu sehen. Allerdings ist dieses Vertrauen und Misstrauen noch nicht klar genug für die Schubladen, denn es hängt von der konkreten Institution ab.

»Links« und »rechts« spiegelt heute am ehesten Vertrauen und Misstrauen in die Deutungseliten europäischer

Gesellschaften wider, die in institutionalisierten Einrichtungen der Medien[41], Wissenschaft[16], Kultur[45] und Politik sitzen. Institutionalisiert bedeutet von Einzelpersonen unabhängige Marken des Bewährten und Bekannten, des Offiziellen und Legitimierten.

Ich sitze zwischen diesen Stühlen. Obwohl dem Fortschritt[51] zugetan, bin ich nicht »links«, da ich ein Versagen der Deutungseliten konstatiere. Nicht weil diese böse oder dumm sind, sondern weil sie sich allzu bequem in Blasen[18] eingerichtet haben, die zu aufgeblähtem Selbstverständnis führen, ohne die Kosten ihrer Fehldeutungen und Fehlorientierung zu tragen. Obwohl ich viele Institutionen[53] kritisch sehe, bin ich nicht »rechts«, denn ich reagiere nicht mit totalem Misstrauen, dass ins totale Vertrauen in Gegenmeinungen, Gegeninstitutionen, Gegenbewegungen kippt – und ich halte es für gefährlich, vermeintlich »saubere« und »gesäuberte« Gegensysteme zu konstruieren. Beide Lager sind solche der identitären Vertrauenssehnsucht: des Freund-Feind-Denkens anhand von geteilten Identitäten[4]. Eine große Gesellschaft lässt sich in der komplexen Welt von heute nicht mehr über Identität einen, muss Identitäten aber Platz lassen und sie respektieren. Sowohl die historische »Linke« wie die »Rechte« enthalten richtige, meist unbewusste Einsichten in die zwiespältige Natur[49] des Menschen, aber in ihrer einfältigen Einseitigkeit auch viel Wahnsinn.

Dieses Buch ist eines der Minderheitenmeinung[38]. Die Leser sind frei, mir zu misstrauen. Sie sollten es aber nicht tun, weil sie bestimmte Schlüsse nicht teilen oder schätzen – das Argument lebt vom Widerspruch, nicht von der Zustimmung. Widerspruch auszuhalten, setzt ein Grundvertrauen voraus, ohne das eine offene Gesellschaft nicht bestehen kann. Ich kann den Lesern nur versichern, dass ich ihnen auch bei Meinungsverschiedenheit nicht nach dem Leben trachte, sondern sie einfach nur in Ruhe lassen würde und bitte um dasselbe.

Kapitel, die auf dieses verweisen: Kap. 39

60. Welche Rolle spielt der Bürger?

Heute dominieren zwei Arten von Bürgern: Wutbürger und Bequembürger. Wutbürger gehen von einer »stillen Mehrheit« aus, von einem »Volk«, das von einer bösartigen Elite unterjocht wird, die völlig inkompetent, aber zu hochkomplexen Verschwörungen fähig ist. Diejenigen Bürger im Volk, die diese sinisteren Pläne noch nicht erkennen, haben das falsche Bewusstsein, sie sind »Schlafschafe«, denen man die Augen öffnen muss. Die Augen öffnet man am besten durch das Teilen von Videos in der eigenen Filter-Blase[18], die die ganze Wahrheit dokumentarisch festhalten. Wutbürger sind wütend, weil sie sich verraten und belogen fühlen.

Bequembürger schätzen die hohe Lebensqualität[3] in Europa und wissen, dass anderswo das Gras nicht unbedingt grüner ist. Sie fürchten, dass der Firnis der Zivilisation dünn ist und Chaos ausbricht, wenn wir allen Institutionen[53] misstrauen. Sie halten die bestehende Ordnung für verbesserbar, aber beklagen das »Jammern auf hohem Niveau«. Die größte Gefahr ist aus ihrer Sicht die Spaltung[39]: immer mehr Wutbürger, die sich gegen die Institutionen richten und zu Extremismus neigen.

»Bequem« klingt abschätzig, »Wut« ist es aber auch. Beide Perspektiven haben wenig mit dem Ideal des Bürgers zu tun. Der Bequembürger ist nicht mehr Teil einer realen Bürgerschaft, in der er Verantwortung für ein Gemeinwesen mitträgt. Überwiegend ist er Nutznießer, deshalb sein großes Vertrauen[40] – es ist eigentlich bloß Eigeninteresse. »Es geht uns doch so gut«, proklamiert er als Nutznießer der nominalen Aufwertung seiner Immobilie[36] und der niedrigen Kreditzinsen durch die Geldpolitik[20], als Nutznießer der Umverteilung[25] hin zu Funktionären, Verwaltern, Prüfern, Anwälten, Beratern und anderen »bürgerlichen« Positionen, als Nutznießer künstlicher Stabilität durch Bail-outs, Schuldenspirale und Unterdrückung von Minderheitenmeinungen[38].

Der Bequembürger sieht sich als Teil einer fiktiven Bürgerschaft, die er gerne hochtrabend »Demokratie« nennt, aber nur jene meint, die ähnliche Interessen haben wie er. Der Wutbürger sieht sich als Teil einer fiktiven Bürgerschaft, die er gerne hochtrabend »das Volk« nennt, aber nur jene meint, die allein das Misstrauen gegen »die da oben« eint. Erstere sind überwiegend Nutznießer der bestehenden Strukturen, letztere überwiegend jene, die sich für zu kurz gekommen halten. Weite Teile der traditionellen Arbeiterschaft sind schon zu den Wutbürgern übergelaufen, und wachsende Teile des Mittelstands folgen ihnen. Diese Dynamik ist für Bequembürger kaum nachvollziehbar, darum geraten sie in Panik über all die Extremisten, die plötzlich aus allen Löchern zu kommen scheinen.

Das Ideal des Bürgers ist das des gemeinsamen Tragens von Kosten und Verantwortung, nicht des gemeinsamen Profitierens, des wütenden Einforderns, der Angst, zu kurz zu kommen. Das Ideal des Bürgers ist ein Ideal der Demokratie[61]: des Miteinanders von Erwachsenen auf Augenhöhe innerhalb eines von ihnen gestalteten Gemeinwesens. Nicht jeder kann und will Bürger sein, das ändern auch Illusionen darüber nicht. Bürgertum bedeutet Verantwortungsübernahme für einen Ort, ein gemeinsames Projekt oder eine andere aktive Verbindung von Menschen.

Im Ideal sind möglichst alle Bürger, in der Realität eine Minderheit – das Ideal motiviert also zum möglichst breiten Schultern von Verantwortung. Verantwortung bedeutet Entscheidungen, Entscheidungen sind im Vorhinein stets ungewiss[15].

Darum kann es keine europäische Einigung in einem Bürgertum geben, in dem alle am selben Strick ziehen, nur ein europäisches Ideal, in dem möglichst viele Menschen Bürgerschaft erleben und mittragen.

Bürger kommt von der Burg: Burgus bezeichnet ursprünglich eine befestigte Anhöhe, übernimmt später aber die Bedeutung eines umfriedeten Ortes, der für den Austausch und die Ansiedlung von Menschen vorgesehen ist. Ab dem neunten Jahrhundert wird der Begriff für einen solchen Ort in unmittelbarer Nähe einer Stadt oder in Verbindung mit einem Kloster oder einer Kirche gebraucht. Burgen stehen stets in Verbindung zu einem Zentrum, das sie vervollständigen. Der lateinische Begriff »civis« stammt von einem indogermanischen Wort für »sich niederlassen«, »siedeln«.

Die Entbindung des Bürgers von einer konkreten Bürgerschaft des Miteinander-Siedelns führt zu Illusionen, die zu Mitläufertum und Wut führen. Kann man nicht Weltbürger sein? Das klingt schön und bezeichnet auch Schönes, aber nicht das Ideal des Bürgers. Es bezeichnet die Mobilität des modernen Menschen, die weltweite Arbeitsteilung in der Globalisierung[52] und die kosmopolitische Orientierung einer gewissen Schicht. Aus dieser Schicht stammen Genies, Unternehmer und Pioniere, die für Europas Entwicklung so wichtig waren. Heute aber überwiegt darin eben der Bequembürger, der sich nur durch Gentrifizierung, Weltreisen und korrektes Denken vom Pöbel abhebt, nicht durch herausragende Leistung. Er verkehrt fast nur mit Menschen seiner Schicht, hält sich aber für besonders weltoffen.

Kann es einen Europabürger geben? Die Europäische Union[5] als Bürgerschaft zu proklamieren ist eine noch größere ideologische Übertreibung als der Nationalismus. Als Ideal hat auch der Nationalismus gute Seiten gehabt, insbesondere der deutsche – ehe er in politischen Irrsinn kippte. Identität[4] kann eine Kulturquelle sein, und europäische Identität in diesem Sinne hat gewiss schöne und positive Seiten. Aber Timothy Garton Ash bemerkte einmal ganz richtig: »Wenn sich jemand als Europäer vorstellt, weiß man gleich, dass es ein Deutscher ist.« Deutsche wollen auch auf etwas stolz, wieder Teil von etwas Großem sein. Es ist eine Illusion, dass nur Extremisten Identitätspolitik betreiben, Identität ist zu wichtig, um nicht nach Strich und Faden politisiert zu werden.

Kapitel, die auf dieses verweisen: Kap. 4, 5, 8, 13, 25, 29, 45, 48, 61, 66

61. Wie stärken und schützen wir die Demokratie in Europa?

Demokratie ist wieder so ein universell attraktiver Begriff. Das bedeutet nicht, dass Demokratie etwas Schlechtes ist, deutet aber darauf hin, dass wir Ziel- und Wertkonflikte übertünchen, die dann anderswo Bruchlinien erzeugen. Die ursprüngliche Bedeutung von Demokratie ist viel ambivalenter als die heutige Deutung: Es handelt sich um die relative Gleichheit einer Bruderschaft von Piraten, die auf der Ungleichheit gegenüber ihren Opfern, Frauen und Sklaven beruht. Das Positive daran ist die Anreizübereinstimmung: Diejenigen, die im Kampf ihr Leben riskieren, entscheiden auch über die gewählten Schlachten und Mittel mit.

Das ist besser als die autokratische Bestimmung zu Kanonenfutter, aber nicht für alle und zu einem Preis. Der Preis liegt im Dilettantismus und in mangelnder Effizienz, die nur durch größere Motivation und Innovationskraft kompensiert werden kann. Die alten Griechen sahen Wahlen als undemokratisch an, machten bei Feldherren aber eine Ausnahme: Hier sollte die Wahl eine Elite von Strategen küren, denn bei deren Entscheidungen wäre Dilettantismus zu teuer.

Ursprüngliche Demokratie meinte Selbstregierung politischer Einheiten. Diese Einheiten müssen klein sein, weil sonst die Komplexität über die Köpfe der Durchschnittsbürger hinauswächst. In der griechischen Demokratie waren die Bürger[60] freilich nur eine kleine Minderheit, doch auch hier war die Skepsis groß über das politische Vermögen und den Bildungsstand der Bürger.

Größere Einheiten tendieren daher stets in Richtung repräsentativer Demokratie. Einzelentscheidungen wären zu schwierig, darum gibt es Paketentscheidungen. Doch senkt es wirklich die Anforderungen, im Paket zu entscheiden? Kann man Menschen, denen man im Durchschnitt nicht zutraut, für ihre Gesundheit, Bildung[44], Sicherheit freiwillig ausreichend zu sorgen, zutrauen, gute Vertreter zu wählen?

Im positiven Kern beruht Demokratie auf dem Ideal des verantwortungsfähigen Bürgers. Den erhält man nicht, in dem man Demokratie als tabuisierten Anspruch einfordert oder mit Mehrheitsmacht verwechselt. Ein anderes Ideal ist die politische Gleichrangigkeit, das Miteinander auf Augenhöhe anstelle von gegängelten Untertanen. Das ist etwas anderes als die Gleichheit: Diese herrscht eher bei Sklaven vor, die alle dieselbe Ration zugeteilt bekommen. Das Anstreben beider Ideale nährt das Vertrauen[40] unter Fremden, das wiederum der eigentliche Grund der heute extrem positiven Assoziationen des Begriffs Demokratie ist – in auffälligem Widerspruch zur Ideengeschichte.

Die Europäische Union[5] ist zu groß und zu komplex für eine direkte Demokratie der Selbstregierung, aber auch zu fern von der Alltagserfahrung, als dass gesamteuropäische Wahlen plausiblerweise gute Vertreter hervorbringen würden. Heute bietet die EU[5] Versorgungsposten für im nationalen Kontext nicht mehr verwertbare Politiker und eine Fassade der Legitimität für Technokraten. Eine Demokratisierung der EU[5] kann nur über stärkere Subsidiarität laufen. Diese Subsidiarität bedeutet in der Realität aber meist schlicht die Vervielfältigung von Posten auf regionaler und lokaler Ebene, anstatt tatsächliche Delegation von Befugnissen von unten nach oben.

Ein prominenter Reformvorschlag nimmt daher Abstand vom Begriff der Demokratie und schlägt eine europäische

Republik vor. Republik setzt die besondere Tugendhaftigkeit einer eng mit der Bevölkerung verbundenen Elite voraus, die ihr Leben und ihre Interessen dem Gemeinwesen unterordnet. Die amerikanischen Gründerväter hatten so etwas im Sinn – und es wird immer zweifelhafter, ob ihr Weg der richtige war. Man vergleiche aber diejenigen Intellektuellen, die heute eine Republik ausrufen, mit den amerikanischen Gründervätern: Gewiss kluge und eloquente Menschen, doch es findet sich praktisch null technische, unternehmerische, militärische oder diplomatische Erfahrung. Das Verständnis von Elite kommt rein aus dem Gegensatz zu den vermeintlich ungebildeten Menschen, die immer öfter »falsch« wählen, weshalb dann auch der – lange völlig tabuisierte – Begriff Demokratie plötzlich fallen gelassen werden kann. Es ist keine Elite in Sicht, die an die Spitzen der EU[5] drängt, dabei aber besondere Tugendhaftigkeit, relevante Kompetenz (also verantwortete Entscheidungen, die richtig waren), enge Verbindung mit den repräsentierten Menschen oder selbstlosen Einsatz für das Gemeinwesen nachweisen kann.

Es braucht doch nur die Richtigen! Dann müsste das demokratische oder republikanische Ideal dahin führen, das nicht nur zu proklamieren, sondern Vorbild zu sein, Vorbilder zu suchen und zu würdigen und Menschen zur Verantwortungsfähigkeit zu verhelfen, zu motivieren und Hindernisse zu beseitigen. Gemeint ist aber meist, die »richtigen Politiker«, also jene, welche den eigenen Interessen am meisten zu versprechen scheinen.

Wirkliche Demokratie erfordert Kleinräumigkeit, wo die Kompetenz, Muße, Verantwortungsbereitschaft des Durchschnittsbürgers der Schwierigkeit der Selbstregierung gewachsen ist. Ohne Bürger[60], die diese Fähigkeiten im kleinsten Raum

– im eigenen Leben – beweisen, ist Demokratie nur Fassade für oligarchische Einzelinteressen. Wirkliche Republik erfordert eine tatsächliche Elite, die großer Verantwortung gewachsen ist und im freien Diskurs unparteiisch zu besseren Entscheidungen gelangt als die repräsentierten Bürger es könnten – ein nicht unmögliches, aber noch schwerer erreichbares Ideal.

Realistischerweise folgt daraus der Fokus auf die Verbesserung des Einzelnen[64] und das Üben des Miteinanders in Gemeinden[65], der ein langsames Durchdringen Europas mit einem echten Geist des Miteinanders, des wirklich freien Austauschs, des aufgebauten Vertrauens und neuer positiver Dynamik[28] nähren könnte.

Eine demokratische oder republikanische EU[5] erscheint aktuell als ferne Utopie – und ferne Utopien sind gefährlich, weil sie zur Ungeduld mit den realen Menschen führen und meist totalitär enden. Die Demokratisierung der EU[5] könnte also durchaus eine versteckte Drohung sein, jener alte Bluff, mit dem sich kleine Pseudo-Eliten schlicht über Untertanen erheben und sich deren Ressourcen aneignen wollen.

Kapitel, die auf dieses verweisen: Kap. 18, 48, 53, 58, 60, 64, 66

62. Brauchen wir mehr oder weniger Staat?

Staat ist die als legitim angesehene Gewaltmonopolisierung. Wenn sie völlig gelingt, also der dafür aufgebaute Apparat so allmächtig ist, jede private Gewalt unterbinden zu können, wird er selbst zur größten Gefahr. Allein im 20. Jahrhundert wurden schätzungsweise 300 bis 400 Millionen Zivilisten von ihren eigenen Staaten ermordet – weit mehr als durch Kriege.

Wenn mehr Staat bedeutet, dass mehr durch Zwang koordiniert wird als durch Freiwilligkeit, wäre es ein Symptom einer kaputten Gesellschaft. Wohlhabende Gesellschaften mit hoher Lebensqualität[3] leisten sich jedoch meist viel Staat.

Viele – nahezu alle Intellektuellen – schließen daraus, dass der Ausbau des Staates, vielleicht eines europäischen Zentralstaates mit gesamteuropäischer Umverteilung[25], der Weg zu höherer Entwicklung wäre.

Mit aller Kraft von Legitimität und Zwang über alle Ressourcen zu verfügen und diese einer Entwicklung unterzuordnen, das kann in der Tat Großes bewegen. Die Frage ist bloß, welcher Entwicklung, und wer unter- und anordnet. China[58] ist das aktuell erfolgreichste Beispiel der Unterordnung nahezu aller Ressourcen – natürliche, menschliche, finanzielle, diplomatische – unter das Ziel des Wirtschaftswachstums[50].

Europäischen Gesellschaften fehlt dieser – durchaus zynische – Fokus auf ein Ziel, die Bereitschaft, Menschen nur als Mittel und nicht als Selbstzweck zu betrachten, vor allem aber fehlt die Kompetenz an der Spitze. Letzteres ist durchaus nicht nur kritikwürdig, sondern auch ein sehr positives Zeichen: Noch ist jener Rest von Freiheit[48] geblieben, der es erlaubt, dass kompetente Menschen privaten Zwecken nachgehen, anstatt öffentliche Spitzenpositionen anzustreben. Es gibt noch Reste eines Mittelstands, der unternehmerisch ist, aber nicht quantitatives Wachstum um jeden Preis anstrebt – um den Preis der Schindung von Mitarbeitern, den Preis des Schmeichelns der Machthaber, des Pflegens von »Kontakten« zu den Entscheidungsträgern in Politik und Finanz.

Europäische Staatsvergötzung ist weit heuchlerischer als chinesische. Es handelt sich um den träumerischen Utopismus oder die Gier nach Einfluss und Einkommen von Leuten, die in Staaten, welche mächtig genug sind, die ersehnten Wunder zumindest theoretisch zu vollbringen, nichts zu melden hätten – die wahrscheinlich selbst in Gefangenlagern oder an der Mauer enden würden. Es sind Leute, die in Blasen[18] Zuflucht vor der realen Welt suchen, um ja nie konkrete Verantwortung übernehmen zu müssen.

Staat und Politik bieten heute den perfekten Kokon zum Schutz gegen persönliche Verantwortung: Falsche Vorhersagen und Versprechen, gescheiterte Interventionen[12] und Institutionenversagen[53] bleiben für den Apparat ohne negative Konsequenzen, in der Regel führen sie gar aufgrund der Interventionsspirale[54] zu noch mehr Mitteln und Einfluss.

In wohlhabenden Gesellschaften mit hoher Lebensqualität[3] ist auch genug übrig, um sich viel Staat[62] zu leisten. Besteht hohes Vertrauen[40], dann kann sogar das Ethos von Beamten so hoch sein, dass sie nicht nur Einkommen beziehen, sondern über den staatlichen Apparat Güter hervorbringen, die in Relation zu diesen Einkommen nicht immer völlig überteuert sind.

Die Tendenz geht leider in die andere Richtung: Je lauter nach mehr Staat gerufen wird, desto geringer die Kompetenz und das Ethos der Planer und Möchtegernplaner. Dann fordern Menschen, die selbst nicht einmal einen Imbissstand wirtschaftlich führen könnten, wütend das Privileg ein, über ihre Mitmenschen, deren Ersparnisse und Einkommen zu verfügen.

Die moderne Geldpolitik[20] entbindet Staaten mit hoher Kreditwürdigkeit – das heißt hoher Steuermoral der Untertanen wegen historisch gewachsenen Vertrauens[40] – von Knappheit. Daher werden sich auch die Parteien immer ähnlicher, denn mehr Mittel für die eine Interessengruppe bedeuten nicht mehr automatisch weniger Mittel für die andere. Doch die Versprechen und Erwartungen wachsen noch schneller als die Geldmenge, und die nachhaltigen Mittel der Versprechenseinlösung – Kompetenz, Kapital, Fleiß, Zuverlässigkeit – werden sogar beschränkter. Ist alles aufgebraucht, dann bleibt dem Staat nur noch sein letztes Mittel: Gewalt.

Weniger Staat ist allerdings nicht unbedingt die Antwort, wenn es bloß ein weiterer Vorwand ist, Ressourcen für Interessengruppen abzuzweigen. Trotz nahezu unbeschränkter Staatsfinanzierung herrscht allerorts der Kostendruck. Das liegt eben an der wachsenden Untugend, immer nur die Hand aufzuhalten und nichts dafür leisten zu wollen.

So passen auch wachsende Staatsquoten mit Einsparungen zusammen: Die Mittel sind knapper als die wachsenden Versprechen und Erwartungen, während der Grenzertrag des Mitteleinsatzes sinkt: Billionen versickern in ganzen Industrien von Beratern, Managern, Planern, Instituten, NGOs – Akademikerjobs für Leute, die sich gegenseitig beraten, zertifizieren, prüfen und präsentieren.

In Europa hat die geringere Dynamik auch manche Redundanz gelassen, die sich als Vorteil erweist: In den Behörden und

Betrieben, den Schulen und Spitälern ist noch nicht jede Substanz von Effizienz- und Compliance-Beratern aufgebraucht. Es ist die Redundanz von Menschen, für die Kompetenz und Ethos mehr wert sind als Zahlen. Nur die Mittel zu erhöhen, um schwindende Kompetenz nachzukaufen, der simple Ruf von der Realität unbefleckter Denker nach mehr Budget für ihre Wunschlisten, saugt nur noch mehr Kompetenz aus den letzten Winkeln im privaten und staatlichen Bereich ab.

Staat verkommt zum Vorwand, auf Kosten aller anderen zu leben, ohne Verantwortung für eigene Fehler zu übernehmen. Diese Art von Staat ist ein Klotz am Bein, und es kann gar nicht wenig genug davon geben. Wenn Staat öffentliches Miteinander verschiedener Interessen zum Wohle gemeinsamer Ziele bedeutet, dann ist er eine schöne Hoffnung, die umso realistischer ist, je subsidiärer, transparenter, bürgernäher dessen Organisation erfolgt.

Die große Mehrheit der Staatsfans in Europa sei dazu eingeladen, aktiv an der Einlösung des Versprechens eines solchen Miteinanders zu arbeiten, anstatt es bloß wütend einzufordern und dann peinlicherweise doch nur die Hand aufzuhalten.

Was können Politiker tun? Statt an Spaltung[39] am Miteinander arbeiten, die unterschiedlichen Interessengruppen nicht parteiisch vertreten, sondern zu Empathie und Verständnis bewegen, statt Untertänigkeit Eigenverantwortung fördern und die Hindernisse aus dem Weg räumen, welche die Problemlösungsfähigkeit und Selbstheilungskraft der Gesellschaft beschränken.

Da das mit der heutigen Motivation hinter Politik wenig gemein hat, sollten wir unsere Aufmerksamkeit für und

Erwartungshaltungen an Politiker auf ein realistisches Maß reduzieren, um nicht ständig schizophren zwischen blindem Enthusiasmus und wütender Frustration zu schwanken.

Kapitel, die auf dieses verweisen: Kap. 7, 16, 32, 34, 45, 46, 58

63. Wie würde ein gerechteres Wirtschaftssystem aussehen?

Wirtschaft ist kein System, sondern ein Zusammenwirken in Arbeits- und Wissensteilung. Dieses Zusammenwirken ist so wenig perfekt wie die wirkenden Menschen. Oft geht es schief: Verschwendung, Fehler, Täuschungen und Enttäuschungen, Missbrauch von Vertrauen, gescheiterte Experimente und Beziehungen, Unfälle und Schadensfälle, Gier und Panik prägen das Wirtschaftsgeschehen. Darum ist es sinnvoll, über die Verbesserung des menschlichen Zusammenlebens und Zusammenwirkens nachzudenken. Wirtschaftskrisen[17] bieten hier stets Anstoß zur Reflexion.

Aus dem Denken alleine folgt aber selten eine Verbesserung, denn menschliches Zusammenwirken ist zu komplex für unseren Geist. Die besten Ideen können sich als verheerende Irrtümer erweisen. Feste Ideen, die nicht an der Erfahrung gereift, sondern rein im Geiste zu vollständigen Systemen entwickelt wurden, sind nahezu ausnahmslos gefährliche Irrtümer dieser Art. Doch unser Geist ist ein mächtiges Werkzeug, und die Erfahrung alleine kann blind machen, denn sie richtet sich fast immer nach dem Status quo. Fortschritt[51] bringt erst die Verbindung von kritischem Hinterfragen mit mutigem Ausprobieren.

Aufgrund der wachsenden Spaltung[39] unserer Gesellschaften ist es aussichtslos, jemals eine so weitgehende Einigung zu erzielen, ein neues Wirtschaftssystem für alle von oben herab umzusetzen. Das ist auch gut so. Modell und Realität passen selten zusammen. Leider schützt uns aber auch die Spaltung nicht davor, dass die Realität schleichend unrealistischen

Modellen angeglichen wird, sofern die Realitätsferne einer wachsenden Zahl von Einzelinteressen nutzt – und die Veränderung im Moment zu klein, zu alternativlos oder zu unsichtbar ist, um gebremst zu werden.

Der moderne Mensch kann sich ein Leben in Blasen[18] leisten. Der Puffer historisch gewachsenen Kapitals ist zum Glück groß genug, dass die absurdesten Entscheidungen nicht gleich existenzbedrohend sind. Das ist auch jener Puffer der Muße, der eigentlich Innovation[43] und Kultur[45] begünstigen würde. Doch Kreativität[47] wird wertlos, wenn sich aus ihr nichts lernen lässt, wenn sie reale Probleme nicht löst und gar nicht lösen will.

Unser Zusammenleben und -wirken zu verbessern, ist gewiss ein würdiges Problem, das Nachdenken und Ausprobieren lohnen könnte. Die prominentesten Alternativen, die in der Ideengeschichte immer wieder unter Intellektuellen kreisen, sind aber meist Sehnsüchte nach der kleinen Gemeinschaft. Das Zusammenleben unter Fremden widerspricht unseren Instinkten und Intuitionen. Das brüderliche und schwesterliche Teilen und Borgen, ohne Profit und Zins, in tiefer Vertrautheit, die weder Verträge noch Sanktionen, weder Waffen noch Gefängnisse, weder Spezialisierung noch Entfremdung erfordert, das ist eine Sehnsucht, die in vielen von uns schlummert. Doch Geschwisterliebe lässt sich nicht verordnen, nicht erzwingen, nicht subventionieren und planen.

Vertrauen zu stiften, Vertrautheit zu schaffen, Zuneigung zu fördern, Distanz abzubauen, das sind edle Zwecke. Man kann lange über sie schwafeln. Warum nicht Schritte dahin setzen? Brauchen wir ein Zinsverbot, um unseren Brüdern und Schwestern zinsfrei zu borgen? Brauchen wir Enteignung, um kooperativ zu wirtschaften?

Der unbewusste Grund, warum mehr wütend politisiert statt im Konkreten gewagt wird, ist wohl folgender: Wir könnten etwas über uns lernen, das uns vielleicht missfällt. Womöglich sind die zinsfreien 5.000 Euro, die wir unserem Nachbar bieten könnten, teurer als die 500.000, welche die Bank dank Geldpolitik[20] zum Niedrigstzins, ganz ohne Schuldgefühle, nachbarschaftliche Beobachtung und aufgedrängte Freundschaft bietet? Womöglich helfen wir nicht, sondern schaden wir durch Gesten der Großzügigkeit? Womöglich wollten wir eigentlich gar nicht teilen, gar nicht mit weniger auskommen, sondern bloß selbst mehr haben? Womöglich wäre uns geschwisterliche Nähe zu realen Nachbarn statt erdachten Idealgeschwistern völlig unerträglich? Womöglich suchen wir nur Bedürftige, um uns selbst besser zu fühlen, uns über andere zu erheben?

Unser Miteinander ist gewiss sehr verbesserungswürdig. Wie viel Gemeinschaft, wie viel Zwang, wie viel Entfremdung, wie viel Arbeit, wie viel Wohlstand, wie viel Technik, wie viel Planung, wie viel kollektive Ordnung, wie viel individuelle Freiheit, wie viel und welche Kultur uns förderlicher wäre, wer kann es für alle wissen? Wie würde ein gerechteres Wirtschaften aussehen? Ich weiß es nicht. Kann das überhaupt jemand wissen? Gerechtigkeit ist einer der schwierigsten Begriffe, Wirtschaft eines der komplexesten Phänomene.

Manche von denen, die wütend ein neues Wirtschaftssystem fordern, sind vielleicht in der Tat besonders feinfühlig, was die Mängel unseres Miteinanders, der Postmoderne, der Geldpolitik, der Globalisierung, der Kultur und Mentalität betrifft. Manche haben gewiss richtige Ahnungen und gute Ideen. Geben wir ihnen den Raum[66], Bessermacher statt Besserwisser zu sein. Dann wird sich vielleicht zeigen, dass all das Augenmerk auf äußere Mängel nur von inneren Mängeln ablenken sollte. Womöglich lernen wir aber wirklich etwas und finden weniger mangelhafte Wege des Zusammenlebens.

Kapitel, die auf dieses verweisen: Kap. 22, 49, 50

64. Was kann der Einzelne tun?

Das Missverständnis von Demokratie[61] als Mehrheitsallmacht führt zu individueller Ohnmacht. Viele Europäer erwarten sich Veränderungen hauptsächlich von der Politik. Und die Minderheit, die einen aktiven Zugang hat und nicht bloß passiv auf Veränderungen wartet, sieht den Weg zur Veränderung hauptsächlich in Aktivismus: das Überzeugen einer Mehrheit. Das setzt zunächst die *Aufmerksamkeit* einer Mehrheit voraus, was die besonders Lauten und Wütenden bestärkt.

Doch eine Veränderung, welche die Aufmerksamkeit und Zustimmung einer Mehrheit hat, ist schon geschehen – oder irrelevant. Große Veränderungen werden meist erst im Nachhinein von der Mehrheit realisiert und akzeptiert. Diese Veränderungen gehen in der Regel von Minderheiten[38] aus. Die Politik folgt Veränderungen in der Gesellschaft stets mit einiger Verspätung.

Der Gedanke, zuerst eine Mehrheit überzeugen zu müssen, führt zu Ohnmacht und Zynismus. Denn das scheint bei unpopulären Ansichten aussichtslos. Damit steigt auch die Wut über die vermeintliche Masse. Doch wir sind alle in den meisten Bereichen unseres Lebens Teil einer Masse von Mitläufern. Das ist gut so, denn wenn wir nicht imitieren könnten und dürften, wären wir kaum lebensfähig. Wir müssen überwiegend Wissen nutzen, das wir selbst nicht hervorgebracht haben und selbst gar nicht verstehen.

In Vertrauenskrisen[40] bereitet uns das Unwohlsein. Dann wächst die Wut auf die »anderen«, auf die Dummen und Verblendeten. Das ist gefährlich. Es ist gerade die Selbstüberschätzung der Intelligenten und Gebildeten, die Verblendung begünstigt, nicht Dummheit.

Jeder von uns kann irren. Wenn wir einer Minderheitenmeinung[38] anhängen, ist unser Irrtum sogar wahrscheinlich. Es ist der große Vorzug der Freiheit[48], dass sie Freiraum zum Irrtum lässt. Denn ohne Mut zum Irrtum gibt es keine Veränderung.

Die nötige Demut und Vorsicht schränkt den politischen Weg ein. Er führt selten zur Veränderung von Gesellschaften, sondern vielmehr zur Veränderung der Politiker. Gelingt der unwahrscheinliche Fall, auf dem politischen Weg sich selbst treu zu bleiben, dabei Umsetzungsmacht zu gewinnen und schließlich die Veränderung durch Macht und Legitimität anzustoßen oder zu beschleunigen, ist auch die Gefahr am größten: Denn Politik ist eben auch ein Verstärkungsfaktor für Irrtümer.

Politik kann eine Berufung sein. Einzelne können einen positiven Beitrag leisten, indem sie über Interessengruppen hinweg Einigungen erzielen. Die Anreize sprechen nicht dafür. Keinesfalls sollte man sich in die Politik drängen lassen, wenn es nicht die eigene Berufung ist, denn das sind eben die verbogenen Gestalten, die das Vertrauen in Institutionen ausnützen. Dass sie ihre ursprünglich vielleicht edlen Ziele nie erreichen, verdrängen sie angesichts von Einkommen, Ansehen und Privilegien recht bald.

Jeder kann in seiner Berufung, seinem Lebenskontext Keim von Veränderung sein. Das setzt aber voraus, zuerst das eigene Leben in den Griff zu bekommen. Es ist eine negative Folge des Aufblähens der Politik, dass heute unreife Gestalten, in deren eigenen Leben Chaos herrscht, die Gesellschaft »verbessern« wollen.

In einer verwirrenden Zeit wie dieser ist schon das schlichte Erwachsensein, das Übernehmen der Verantwortung für sich und die Nächsten, eine schwierige Aufgabe, an der immer mehr scheitern. Zwei Zutaten sind dafür besonders hilfreich: Geisteshygiene und Resilienz.

Geisteshygiene soll die Vorsicht beschreiben, die im Gewähren unserer Aufmerksamkeit nötig ist. Aufmerksamkeitsbewirtschaftung ist ein Geschäftsmodell, das durch geldpolitisch[20] verstärkte Gratismentalität und Massen-Konsumismus überhandgenommen hat. Verbindet sich dieses Geschäftsmodell mit der durch die Medien[41] ausgenutzten und damit beförderten Konditionierung, *das Aktuelle, Globale und Politische besonders* überzugewichten, sind die idealen Bedingungen für Pandemien von Gedankenviren[42] geschaffen.

Geisteshygiene bedeutet Zurückhaltung bei der Verbreitung ungeprüfter Inhalte und generell im digital verstärkten Austausch mit anderen. Diese Zurückhaltung äußert sich auch in Höflichkeit, Geduld und Entschleunigung.

Am wichtigsten aber ist die Zuteilung der eigenen Aufmerksamkeit nach der tatsächlichen Relevanz: Weg von Dingen, die außerhalb unseres relevanten Lebenskontextes stehen, hin zu Kontexten und Menschen, die uns wirklich wichtig sind, hin zu Themen, für die wir wirklich Interesse und Leidenschaft haben, hin zu Wirkmöglichkeiten, die uns wirklich offenstehen, weil wir dort tatsächliches Vermögen haben oder aufbauen können – im geistigen, zwischenmenschlichen und finanziellen Sinne.

Resilienz bedeutet, nicht durch Unvorhergesehenes aus der Bahn geworfen zu werden. Es ist die nötige Widerstandsfähigkeit, Frustrationstoleranz und Gelassenheit, die verantwortungsfähige Menschen auszeichnet. Einst bedeutete Resilienz bloß eine feste Anstellung – der Job als Zeichen des Eintritts in die harte Phase des Erwachsenseins. Das ist heute oft kein Zeichen für Resilienz mehr, vor allem, wenn das als fest angesehene Einkommen schon für Ansprüche, Kosten und Kreditraten verplant ist und daher nicht Freiheit, sondern Abhängigkeit bedeutet.

Resilienz kann »prepping« bedeuten – jener Trend, der in Phasen schwindenden Vertrauens[40] stets in Mode kommt. Das ist die Bezeichnung für die Vorbereitung auf gesellschaftlichen Zusammenbruch. Dieser Weg ist dann ein richtiger, wenn er als Hobby Freude macht und dabei hilft, die Angst zu verlieren und kühlen Kopf zu bewahren.

Besonders realistisch sind die Annahmen meist nicht. Ein ständiger Krisenfokus widerspricht der Geisteshygiene: Er wird oft zu ohnmächtig-zynischem Warten auf den großen Krach, der endlich die Gewissheit bringen soll, dass alle anderen – nur nicht man selbst – Idioten sind.

In einer arbeitsteiligen Gesellschaft, die nicht in Waldläufer zerfällt (was Massentod bedeuten würde, nicht Natur[49]-Idyll), ist ein wichtiger Teil der Resilienz Vermögensanlage[30]. Diese ist sehr weit zu fassen und dennoch natürlich nicht ausreichend. Die nicht-materiellen Aspekte unserer Existenz sind, wenn es hart auf hart kommt, oft die gewichtigeren. Resilienz ist Bestandsaufnahme und langsames Ordnen, Vereinfachen, Aufdröseln von Lebenssträngen. Das ist der alte philosophische Weg des *Gnothi seauton* (erkenne dich selbst), der Reflexion der eigenen Existenz, am besten durch regelmäßiges Schreiben, Innehalten und der Suche nach guten Mentoren und Seelenfreunden.

Der Fokus auf sich selbst ist nicht als Egoismus zu verstehen. Ganz im Gegenteil, das eigene Haus in Ordnung zu bringen, ist die Voraussetzung dafür, anderen wirklich helfen zu können. Wie heißt es so schön im Flugzeug: Setzen Sie erst die eigene Atemmaske auf, bevor Sie anderen hineinhelfen.

Kapitel, die auf dieses verweisen: Kap. 7, 30, 61

65. Was können Gemeinden tun?

Gemeinden sind die kleinsten politischen Einheiten. In einer Zeit des ständigen Fokus auf globale Probleme sind sie unattraktiv für Politiker. Die meisten politischen Karrieren beginnen heute in Hochschülerschaften oder Vorfeldorganisationen der Bundesparteien.

In einer Zeit der digitalen Nachbarschaften und Freundschaften scheint es altmodisch, den Fokus auf die Gemeinde zu legen. Reale Nachbarn sucht man sich selten aus. Sie haben womöglich dumme politische Ansichten und wenig mit uns gemeinsam. Wenn das Miteinander in der Nachbarschaft schon misslingt, wie soll es da im Großen gelingen? Die Mitbürger haben wir uns auch nicht ausgesucht, sie klingen nur im abstrakten »Wir« sympathisch, im Konkreten sind sie uns noch ferner als die Nachbarn – gehören anderen Schichten und Lagern an.

Die Schwierigkeiten guter Nachbarschaft sollten zur Bescheidenheit bei politischen Projekten führen. Es ist schwer, politische Pläne ernst zu nehmen, die sich nicht in der konkreten Nachbarschaft einer Gemeinde ausprobieren lassen. Ungeduld, Narzissmus und Bereicherungsabsicht führen die politischen Talente unserer Zeit möglichst weit weg von der Gemeinde. Tatsächlich ist die Gemeinde das Übungsfeld der Demokratie.

Dort lassen sich keine Weltpläne wälzen, aber doch Weltprobleme lösen: denn die dringen heute ohnehin medial in jede Ritze. Ich habe keine romantische Vorstellung von Gemeinden. Sie sind oft bloß Nachbarschaften von Menschen, die immer weniger gemeinsam haben, das Wirkfeld der typischen Gemeindepolitiker mit ihren Mauscheleien, kreditfinanzierten

Prestigeprojekten und ihrer Borniertheit. Ich habe aber Hochachtung vor Menschen, die anstatt wütend zu fordern und großspurig das Leben der anderen zu planen, im Konkreten beginnen, Menschen von gemeinsamen Projekten, Verbesserungen im Miteinander und im öffentlichen Raum, Alternativen und Experimenten zu überzeugen.

Das Heil auf den oberen Ebenen zu suchen, weil uns die Menschen auf den unteren so unsympathisch sind, ist die typische Menschenfeindlichkeit der vermeintlichen Menschenfreunde, die alle Welt retten wollen, aber nicht einmal dem Nächsten helfen können oder wollen. Wenn Europa irgendwo vom Boden her gesunden kann, dann muss es bei den verbliebenen Vertrauensnetzwerken der sich nahen Menschen beginnen.

Vielerorts ist von ihnen zu wenig übrig, oder wir modernen Individualisten fügen uns nicht mehr gut in sie ein, weil uns das Leben so weit aus den räumlichen Bezügen herausgelöst hat. Dann können wir uns auf das alte europäische Erbe der Gründung neuer Gemeinschaften besinnen. Intentionale Gemeinschaften gelingen zwar selten, und wenn, dann halten sie kaum länger als eine Generation, wenn sie keine religiöse Grundlage haben. Aber für eine Weile bieten sie Menschen Sinn und Lebensfreude, ohne anderen Lebensfreude zu nehmen – etwas, das heute ebenso selten ist.

Die Sehnsucht nach der identitären Sippe kann nur auf diese Weise fruchtbar statt schädlich wirken, indem die Spaltung[39] in intentionale Gemeinschaften freiwillig und klein ist, und somit anstelle der großen und unfreiwilligen Spaltung der Gesellschaft treten kann. Intentionale Gemeinschaften – Gemeinden von Gleichgesinnten – erlauben totalen Fokus auf eigene politische Werte und Ziele, ohne totalitär zu sein.

Die meisten Menschen sehnen sich nach Gemeinschaft. Die moderne Gesellschaft kann sie ihnen nicht bieten. Darum trachten sie insgeheim auf Zerstörung dieser Gesellschaft oder verbreiten bereitwillig Gedankenviren[42], die Keime des Totalitären sind – nämlich aus einer nationalen oder supranationalen Gesellschaft eine homogene Gemeinschaft von Brüdern zu machen. Doch wer das Kloster mit Zwang überdehnt, schafft den Kerker. Warum nicht an der Klostertradition im Kleinen und Konkreten anknüpfen?

Die intentionale Gemeinschaft als Ausstieg aus der Gesellschaft, das Leben in klösterlichen, brüderlichen und schwesterlichen, naturnahen Kommunen, ist ein Weg nur für wenige. Wer das anders sieht, möge es ausprobieren und vorleben und die breite Masse von den Vorzügen überzeugen. Die meisten erkennen bald die Wert- und Zielkonflikte – was sie für ein solches Leben aufgeben müssten. Die meisten unterschätzen, wie sehr der moderne Wohlstand[24] von einer arbeitsteiligen Gesellschaft abhängt und wie niedrig der Wohlstand in einer autarken Gemeinschaft ist, wenn er nicht ständig durch Subventionen und Verkauf von Erlebnissen an städtische Gemeinschaftstouristen genährt wird. Materieller Wohlstand ist nicht schlecht, sondern befreit menschliches Potenzial für höhere Werke. Wohlstand macht nur dann bequem und träge, wenn er unverdient oder seine produktive Nutzung erschwert ist. Intentionale Gemeinschaften wirken dann vor allem als Fastenkuren des Konsumentzugs und sind dadurch der geistigen Gesundheit einer durch kurzfristigen Konsumismus geistig überfetteten Gesellschaft sehr förderlich.

Natürlich können auch territorial bereits bestehende Gemeinden durch »Intentionalität« aufgewertet werden. Am ehesten funktioniert das, wenn sie genügend Spielraum zulassen, sodass nicht jeder mit vollem Einsatz am Experiment mitwirken muss, ohne es dadurch zu verunmöglichen. Am meisten Potential aber hat die Politik intentionaler, also aktiv aufgebauter politischer Räume, die nicht auf Autarkie und Innenschau ausgerichtet sind, sondern offen für Innovation und die Welt bleiben: Freie Privatstädte[66].

Kapitel, die auf dieses verweisen: Kap. 7, 26, 32, 61

66. Was sind Freie Privatstädte?

Freie[48] Privatstädte sind die Wiederbelebung einer alten europäischen Tradition, der wir einen großen Teil der Vielfalt und Innovationskraft zu verdanken haben: Die Verbindung von städtischer Autonomie und mobiler Weltoffenheit. Immer wieder mussten in Europa, wie auch anderswo in der Welt, produktive Menschen vor Plünderung und Verfolgung flüchten. Europa unterscheidet sich von anderen Teilen der Welt dadurch, dass sich hier mehr Refugien fanden, in denen Kapitalaufbau und Anknüpfung an den Welthandel möglich war – anstelle der bitteren Armut abgelegener Verstecke. Venedig – um nur ein Beispiel zu nennen – sammelte als Refugium nach dem Niedergang des römischen Reichs Händler und Handwerker und bewahrte so einen Wohlstandskeim, der sich dann dank der gut verteidigbaren Lage und des Flottenaufbaus in alle Welt entfalten konnte.

Andere Städte nahmen später mit Juden und Hugenotten besonders innovative Schichten auf, die einen großen Beitrag zur Wohlstandsentwicklung leisteten. Der Freistadtbund der Hanse bot im Norden ein Verteidigungsbündnis, das einen gemeinsamen Markt erlaubte und bis heute vermögenden Städten die Grundlage bietet. Gewiss waren die historischen Städte oft von gierigen Familien und allzu weltlichen Kirchenmännern dominiert. Die Vielfalt bei gleichzeitiger Verbindung, die politische Kleinräumigkeit bei kultureller Großräumigkeit, das waren Sonderwege, von deren Erbe wir noch immer zehren.

Die Bezeichnung »privat« meint im Begriff nicht Egoismus, sondern das urdemokratische[61] Prinzip herrschaftsfreien Miteinanders von Bürgern, die gemeinsame Angelegenheit in freiem Diskurs oder durch freien Vertrag in Frieden regeln. Städte sind Plätze des dichten und friedlichen Austauschs von Ideen und Gütern unter Fremden.

Die europäische Stadtkultur ist besonders. Viele Städte waren die Gründungen politischer Herrscher. Doch durch die Spaltung in unzählige Fürstentümer und die Konkurrenz zu kirchlichen Autoritäten gab es einen Städtewettbewerb, der Raum für freies Bürgertum ließ. Viele Städte waren Verwaltungszentren und Residenzen, doch die meisten lebten davon, Marktplätze zu sein, sie entstanden an den Knotenpunkten von Verkehrswegen und boten Freiheit von der Feudalordnung.

Heute Städte zu gründen, wird typischen Europäern völlig verrückt erscheinen. Wenn sie Veränderung suchen, dann wohl eher in romantischem Zurück zur Natur[49]. Doch die demonstrierten Präferenzen sprechen eine andere Sprache als die geäußerten: Menschen zieht es überall, auch in Europa, überwiegend dorthin, wo sie Wohlstand, Inspiration und Vielfalt finden – an die dichteren Knotenpunkte der Verbindung von Ideen, Talent und Kapital.

»Privat« bezeichnet auch die Ablehnung des Kolonialismus im negativen Sinne, von Städten als Plündererfilialen, die dem Machtzentrum Ressourcen zuführen. Freie Privatstädte werden nicht nur durch ihr Umland ernährt, sondern nähren auch ihr Umland durch konzentrische Wohlstandskreise, die von ihnen in alle Welt ausgehen.

Freie Privatstädte sind deshalb ein möglicher Weg der Heilung[7] für Europa, weil sie fruchtbare Spaltung[39] erlauben: Dynamik für Pioniere, ohne alle anderen unterjochen zu müssen. Ein lebendiges Europa bietet wahre Vielfalt: von der geschlossenen Gemeinschaft kommunaler Lebensexperimente bis zur offenen, dynamischen Privatstadt. Dazwischen liegt die Lebensrealität der meisten Menschen, die einen Kompromiss suchen und im besten Falle Sinn finden können durch phasenweise Teilhabe an Gemeinschaften, ohne sich in ihnen einzuschließen, und Wohlstand finden können durch phasenweise Teilhabe an innovativen Marktplätzen.

Fruchtbare Spaltung bedeutet, Wert- und Zielkonflikte produktiv aufzulösen, ohne Werte und Ziele zu opfern. Wir müssen Wurzeln, Identitäten, Traditionen, Gemeinschaften, Beziehungen, Naturräume, kulturelles Kapital schützen vor schädlicher Dynamik, die unkreativ zerstört und ein Vakuum hinterlässt. Zugleich müssen wir positive Dynamik[28] schützen vor Bedenkenträgern, Neid, Angst, Identitätspolitik und Kontrollwahn. An der nachhaltigen Lebendigkeit und positiven Besonderheit Europas gäbe es dann keinen Zweifel mehr, wenn dieser Spagat gelänge.

Freie Privatstädte haben aktuell zwischen den sich selbstüberschätzenden Technokraten der Zentralisierung und den an Minderwertigkeitskomplexen leidenden nationalen Protektionisten einen schweren Stand. Je näher am Kern Europas sie möglich werden, desto geringer der Wohlstandsverlust durch Auswanderung[56] – desto kürzer der Heimweg und desto höher die Beteiligung an der neuen Wertschöpfung.

Rechtlich sind Freie Privatstädte Sonderverwaltungszonen mit erweiterter Autonomie, die eigene Gerichte und Regeln erlaubt. Diese Regeln werden nicht von Herrschern erlassen, sondern von freiwilligen Bürgern bei Eintritt vertraglich anerkannt. Eine einseitige Schlechterstellung der Bürger[60], auch durch wechselnde Mehrheiten, ist nicht möglich – außer die Bürger wünschen explizit so eine Generalvollmacht für Mehrheiten.

Natürlich gibt es unzählige Vorbehalte gegen Freie Privatstädte. Viele werden scheitern. Doch Vorbehalte und Bedenken bringen uns nicht weiter. Wir brauchen neuen Mut für Experimente, anstatt in Ohnmacht vor Problemen zu verharren, weil sie uns über den Kopf gewachsen sind. Wir brauchen Einigung statt Vereinheitlichung, jenen Sonderweg Europas[2], der einst mehrsprachigen Kulturaustausch und Verbindungen zwischen entfernten Städten bedeutete bis das Territorialprinzip Vereinheitlichung bei gleichzeitiger Entzweiung brachte.

Reformpläne für Europa oder den Euro, die auf allwissenden Rezepten und technokratischen Anmaßungen beruhen, bringen uns nicht weiter. Nach der Frustration über die Unmöglichkeit, die Spaltung zu überwinden für den großen rettenden Plan, bleibt nur der Zynismus der Sachzwänge. Welcher Mensch kann einen Kontinent oder eine Weltwährung[23] retten? Wer kann abschätzen, dass seine Pläne nicht unbeabsichtigte Folgen haben? Wie soll man Mehrheiten überzeugen, die immer ängstlicher, älter, transferabhängiger werden, wenn jeder neue Weg ungewiss ist?

Wir müssen den Minderheiten wieder Raum zum Experimentieren geben, ohne die Mehrheiten ihren Ungewissheiten auszusetzen. Freie Privatstädte sind solche Experimentierräume mit absoluter Kostenwahrheit: Das Scheitern haben allein die Pioniere zu verantworten und dafür finanziell geradezustehen. Das Gelingen aber könnte Innovationen[43] schaffen, die den Wohlstand[24] der großen Mehrheit sichern.

Kapitel, die auf dieses verweisen: Kap. 43, 48, 56, 58, 63, 65

Weiterführende Literaturempfehlungen zur Vertiefung

Baader, Roland. 2016. *Das Ende des Papiergeld-Zeitalters: ein Brevier der Freiheit*. Herausgegeben von Rahim Taghizadegan. Bern: Verlag Johannes Müller.

Berman, Harold J. (1983) 1995. *Recht und Revolution. Die Bildung der westlichen Rechtstradition*. 2. Aufl. Frankfurt a.M.: Suhrkamp.

Caplan, Bryan Douglas. 2018. *The Case against Education: Why the Education System Is a Waste of Time and Money*. Princeton, New Jersey: Princeton University Press.

Chua, Amy. 2018. *Political Tribes: Group Instinct and the Fate of Nations*. New York: Penguin Press.

Clark, Gregory. 2007. *A farewell to alms: a brief economic history of the world*. The Princeton economic history of the western world. Princeton: Princeton University Press.

Connolly, Bernard. 1997. *Rotten Heart of Europe: The Dirty War for Europe's Money*. 2. Aufl. Faber & Faber.

Davidson, James Dale, und William Rees-Mogg. 1999. *The Sovereign Individual: Mastering the Transition to the Information Age*. Touchstone.

Douthat, Ross. 2020. *The Decadent Society: How We Became the Victims of Our Own Success*. Avid Reader Press / Simon & Schuster.

Fukuyama, Francis. 1995. *Trust: the social virtues and the creation of prosperity*. New York: Free Press.

Gasser, Adolf. 1947. *Gemeindefreiheit als Rettung Europas: Grundlinien einer ethischen Geschichtsauffassung*. Basel: Bücherfreunde.

Gebel, Titus. 2018. *Freie Privatstädte. Mehr Wettbewerb im wichtigsten Markt der Welt*. 2. Aufl. Aquila Urbis.

Grant, James. 2014. *The forgotten depression: 1921, the crash that cured itself*. New York: Simon & Schuster.

Haidt, Jonathan. 2013. *The Righteous Mind: Why Good People Are Divided by Politics and Religion*. New York: Vintage Books.

Hayek, Friedrich A. von. 2003. *Recht, Gesetz und Freiheit: eine Neufassung der liberalen Grundsätze der Gerechtigkeit und der politischen Ökonomie*. Herausgegeben von Viktor Vanberg. Tübingen: Mohr Siebeck.

Hayek, Friedrich August von. 1969. *Freiburger Studien*. Tübingen: J. C. B. Mohr.

Jones, Eric L. 2012. *Das Wunder Europa: Umwelt, Wirtschaft und Geopolitik in der Geschichte Europas und Asiens*. 2., dt. Aufl. Tübingen: Mohr Siebeck.

Kelly, Kevin. 2014. *What Technology Wants*. New York: Penguin Books.

Kohr, Leopold. 2011. *Das Ende der Großen - zurück zum menschlichen Maß*. 3. Aufl. Salzburg: Müller (Otto).

Lasch, Christopher. 1996. *The Revolt of the Elites: And the Betrayal of Democracy*. W. W. Norton & Company.

Luttwak, Edward. 2012. *The Rise of China vs. the Logic of Strategy*. Cambridge, Massachusetts: The Belknap Press of Harvard University Press.

Mises, Ludwig von. (1940/1949) 2019. *Menschliches Handeln – Eine Grundlegung ökonomischer Theorie*. Übersetzt von Rahim Taghizadegan. Wien: mises.at.

Mitterauer, Michael. 2003. *Warum Europa?* München: Beck.

Orlik, Thomas. 2020. *China: The Bubble That Never Pops*. Oxford: Oxford University Press.

Ridley, Matt. 2011. *The Rational Optimist: How Prosperity Evolves*. New York, NY: HarperCollins.

———. 2020. *How Innovation Works: And Why It Flourishes in Freedom*. London: HarperCollins.

Šafarevič, Igor R. 2016. *Der Todestrieb in der Geschichte: Erscheinungsformen des Sozialismus*. Übersetzt von Anton Manzella. Grevenbroich: Lichtschlag.

Somary, Felix. 1994. *Erinnerungen eines politischen Meteorologen*. München: Matthes & Seitz.

Stöferle, Ronald, Rahim Taghizadegan, und Gregor Hochreiter. 2017. *Die Nullzinsfalle Nachhaltiger Vermögensaufbau in einem nicht nachhaltigen Geldsystem*. München: FBV.

Studwell, Joe. 2014. *How Asia Works*. New York: Grove Press.

Taghizadegan, Rahim. 2011. *Wirtschaft wirklich verstehen: Einführung in die Österreichische Schule der Ökonomie*. München: FBV.

———. 2016. *Helden, Schurken, Visionäre: Entrepreneure waren gestern - jetzt kommen die Contrepreneure*. München: FBV.

———. 2019. *Geld her oder es kracht!* Leykam Streitschriften. Leykam.

Taghizadegan, Rahim, und Eugen Maria Schulak. 2015. *Die Alpenphilosophie - Eine Spurensuche nach vergessenen Weisheiten und Werten*. Elsbethen: Servus.

Taghizadegan, Rahim, Ronald Stöferle, und Mark Valek. 2014. *Österreichische Schule für Anleger: Austrian Investing zwischen Inflation und Deflation*. München: FBV.

Voegelin, Eric. 1999. *Der Gottesmord: zur Genese und Gestalt der modernen politischen Gnosis*. München: Fink.

Weiner, Eric. 2016. *The Geography of Genius: A Search for the World's Most Creative Places from Ancient Athens to Silicon Valley*. New York: Simon & Schuster.

Wray, L. Randall. 2015. *Modern Money Theory: A Primer on Macroeconomics for Sovereign Monetary Systems*. 2. Aufl. New York, NY: Palgrave Macmillan.

Zeihan, Peter. 2014. *The accidental superpower: the next generation of American preeminence and the coming global disorder*. New York: Twelve.

Rahim Taghizadegan
ist Ökonom und Gründer der privaten Hochschule scholarium (www.scholarium.at) in Wien. Sein vielfältiger interdisziplinärer Zugang zeichnet seine Position als letzten österreichischen Vertreter der Österreichischen Schule der Nationalökonomie in direkter Tradition besonders aus. Er lehrte unter anderem an der Universität Liechtenstein, der Wirtschaftsuniversität Wien, der Universität Halle und der IMC University Krems. Er ist mehrfacher Bestseller-Autor und gefragter Redner, insbesondere zum Thema Geld und Vermöwgensanlage. Mit seinem Titel »Österreichische Schule für Anleger« war er für den Deutschen Finanzbuchpreis 2015 nominiert. Er lebt in Wien und ist Stiftungsrat der Free Private Cities Foundation in der Schweiz.